家族や自分が認知症になっても
安心して暮らしていくために
知っておきたい大切なこと

認知症
に備える

ノンフィクションライター 中澤まゆみ　司法書士 村山澄江

自由国民社

はしがき

先日、友人からSNSのメッセージでこんな質問をもらいました。
「実家の母の様子がちょっとおかしくて……。もしかしたら認知症になってきたのかもしれない。認知症になると銀行口座が凍結されるって、本当なの？　何か今のうちにやっておくことってあるのかな？」

元気だと思っていた親と久しぶりに連絡をとったら、様子がおかしいことに気づき、急に心配になった。このような経験のある方は意外と多いのではないでしょうか。わからないことが多ければ多いほど不安は増大していきます。

老いのこと、介護や相続のこと、「いつか」は考えなければならないだろうけれど、今はまだ大丈夫。そう思っているうちに、その「いつか」はやってくるかもしれません。

受験や就職であれば、調べたり考えたりと対策をとるもので、何も準備せずに臨む人はあまりいないはず。老いや介護や相続だって、事前に調べたり考えたりして、しっかりと対策をとっておけば、落とし穴にはまったり一か八かの勝負に出たりせずに済むのです。

はじめまして。司法書士の村山澄江と申します。2003年に司法書士の資格を取得し、高齢者とその家族をサポートする仕事にちからを入れてきました。

そのような仕事を選んだのは、祖母との思い出によるところが大きいです。両親共働きの家庭で育った私にとっては、祖母が親代わりのような存在でした。祖母にくっついて毎日のように喫茶店に行ったこと、散歩しながら植物の名前を教わったこと、料理番組を見ながら私がレシピを読み上げ祖母がメモをとっていたことなど、祖母と過ごした時間を思い出したとき、「せっかくなら、じいちゃん、ばあちゃんが喜ぶ分野で仕事がしたい」と思うようになったのです。

気がつけば認知症対策のご相談は1300件を超え、さまざまなご家族を支援してきました。そのなかで確信したことがあります。**それは、認知症対策は「元気なうち」に、そして「70代の足音が聞こえてくる前」に行ってほしい**ということ。ご本人に判断能力があるときとないときとでは、選べる策は後者のほうが少なくなってしまうのです。

私がこれまでお手伝いをしてきたご相談対象の方は、ほとんどが80歳以上。しかも、すでに認知症と診断され、介護施設の入居費用などに充てるため自宅を売却しようとしたところ、「所有者が認知症の場合は成年後見人をつけていただかないと売却できません」などと不動産業者に言われたというケースが8割以上です。

認知症が進行し、ご本人が不動産売却などの契約をすることができない場合は、成年後見人という法律上の代理人をつける必要があります。成年後見制度はご本人の財産を守るためにできた制度ですが、それを利用することがご本人やご家族にとっていちばんいい選択だとすべてのケースで言い切れるわけではありません。状況によっては、認知症になる前なら選択することができた家族信託や任意後見制度のほうがよいケースもあります。ですから、ご家族が後悔しないためにも、元気なうちにしかできない対策を元気なうちに知ってもらい、対策を考えておいてほしいのです。

そして法律や制度の話だけではなく、そもそも認知症とはなんなのか、認知症になったらどんなことに本人が困るのか、もしくは困らないのか、生活はどのように変化するのか、どこに何を相談できるのかといった、すぐに実生活に活かせる内容も知っておいていただきたいと思います。この分野は、認知症に関する書籍を多数執筆されているノンフィクションライターの中澤まゆみさんが執筆してくださいました。

正しい知識を得ておけば、必要以上に恐れることなく、必要な準備をしておくことができるはずです。いずれ来るかもしれない「いつか」に備えておけば、安心して老いることができます。しっかり対策をとって備えておいたけれど、実際にはピンピンコロリだった、でもいいじゃないですか。

この本は「**まだ認知症になりそうにはないけれど、高齢者といわれる年になっている**」というご本人やそのご家族に読んでいただき、元気なうちに対策をしておけばよかったと悔やむことのないよう、お役立ていただけたらと思います。そして、認知症があっても安心して過ごせる未来が来ることを願っています。

村山 澄江

「認知症に備える」　目次

はしがき……3

第1章　実は誤解だらけ？　認知症を正しく理解しよう

誰でもなる可能性がある認知症……14
認知症になったら、スムーズにできなくなる手続きがある……20
備えておいた光子さん、備えておかなかった菊枝さん……22
認知症になったら困難になる手続きの具体例……26

第2章　認知症は「病名」ではなく「状態」です

認知症本人の声を聞く……34
認知症に対する大きな誤解……38

認知症は「病名」ではなく「状態」です……41
これってホントに認知症？……45
「早期発見・早期治療・早期対応」が大切なわけ……50
家族がつくった「認知症」早期発見のめやす……53
認知症の診断、どう受ける？……56
認知症の「中核症状」と「BPSD」……59
認知症薬のことをもっと知ろう……62

第3章　認知症の人を介護する前に知っておきたいこと

介護保険サービスの利用を申請する……70
認定調査を上手に受けるには……76
ケアマネジャーと一緒にケアプランをつくる……79
介護保険で使える在宅介護サービス……82
自治体の独自サービスも利用する……87

認知症の人でも「最期まで在宅」は可能？ …… 90
「認知症カフェ」など地域の相談場所を利用する …… 93
制度を上手に使って、介護・医療費を軽減する …… 96
認知症の人が使える障害者のための制度 …… 99
気をつけたい認知症の人の「入院」 …… 102
在宅医療を上手に利用する …… 105
認知症の人の介護施設はどう選ぶ？ …… 108

第4章　認知症になる前に知っておきたいお金と法律の話

高齢者の財産管理と相続について知っておいてほしいこと …… 114
相続対策その①　生前贈与 …… 118
生前贈与の落とし穴 …… 122
相続対策その②　遺言 …… 124
コラム　どの遺言が有効？ …… 130

ノートの切れ端に書いた遺言は有効なのか……131
遺言作成の7つのポイント……133
自筆証書遺言のつくり方……137
公正証書遺言のつくり方……143
相続人ではない親族の貢献度（特別の寄与）が反映されるように……146
相続対策その③　エンディングノート……148
相続対策その④　生命保険……151
お金をかけずに今すぐできる対策は？……155

第5章　成年後見制度の賢い利用方法

法定後見

成年後見制度は「最終手段」と心得る……158
成年後見制度は注意点が7つ……160
成年後見制度の仕組みと利用の流れ……163

「後見人をつけてください」と言われたら……167
法定後見制度の利用にかかる費用は？……170
コラム　お金がない人は成年後見制度を利用できないのか……173
後見制度支援信託・後見制度支援預貯金とは……174
任意後見
任意後見なら希望どおりの財産管理ができるのか……178
いよいよ判断能力が低下してしまった！　任意後見発動！……183
任意後見制度の利用にかかる費用は？……186

第6章　家族信託を認知症対策として利用する方法

なぜ今、家族信託が注目されているのか？……190
家族信託のやり方は簡単？　難しい？……194
家族信託をするためにかかる費用は？……201
光子さんが行った家族信託……206

第7章 ［実録］認知症の人の家計と収支の状況

介護が必要になったらいくらかかるのか……212

あとがき……215

巻末資料① 認知症・成年後見・家族信託についての相談窓口……219
巻末資料② 認知症になった本人が書いた本……221

執筆担当 ・第1章14～19ページ、第2～3章、あとがき――中澤 まゆみ
・はしがき、第1章20～32ページ、第4～7章――村山 澄江
イラスト、イラスト入り図版制作――りんどう まき
本文DTP――有限会社中央制作社
校正――株式会社オフィスバンズ

第1章

実は誤解だらけ？ 認知症を正しく理解しよう

誰でもなる可能性がある認知症

「高齢化」から「超高齢化」の時代へと進む日本。2020年度版の高齢者白書によると日本の高齢者の数は3589万人（高齢化率28・4％）、後期高齢者と呼ばれる75歳以上の人はその半数以上となっています。

高齢者の増加にともない、認知症の人の数も増えてきました。2012年には462万人（7人に1人）と推計されていたのが、団塊の世代が75歳以上になる2025年には、認知症の人は700万人（5人に1人）。認知症の前段階とされるMCI（軽度認知障害）を含めると、高齢者の3人に1人は認知症にかかわってくる、といわれています。がんになるのは日本人の2人に1人ですが、高齢者に限れば認知症はだれでもなりうる「中途障害」といってもいいでしょう。

しかし、ある程度の治療法が確立されているがんとちがって、今の時点では認知症には治療法はなく、確実な診断法すら確立されていません。認知症になる原因でもっとも多いアルツハイマー病では、脳内のアミロイドβというたんぱく質が認知症を引き起こすとされていますが、実はそれもまだ仮説だといわれています。

唯一はっきりしているのは、年を重ねると認知症になる人が増えるということです。85歳を過ぎると、半分くらいの人が認知症かその予備軍になり、95歳以上では女性の8割から9割までの人が認知症になるといわれています。超高齢社会では誰でも遭遇する可能性のあるのが、認知症なのです。

認知症について伝える仕事をしていると、「認知症になりたくない」「ならない方法はありますか？」とよく聞かれます。でも、残念なことに「これをすれば認知症にならない」と証明された予防法はいまのところありません。2021年6月にアルツハイマー病の新薬候補として、アメリカが「アデュカヌマブ」の製造販売を条件付きで承認しましたが、その効果には懐疑的な意見もあります（詳しくは67ページ参照）。

世界保健機関（WHO）は2019年5月、初の認知症予防の指針を公表しました。しかし、その中身はというと、習慣的な運動やバランスのいい食事、禁煙、血圧の安定、生活習慣の改善や糖尿病治療などの推奨で、基本的には健康にいいことをしようというもの。とくに認知症を予防するというわけではありません。ただ、結果として認知症になるリスクを減らす可能性はあるので、健康法としてはおすすめしたいと思います。

そんなことを説明しながら、「認知症をむやみに怖がるよりも、自分もなるかもしれないと思って、認知症を理解し、認知症になってもあたりまえに暮らせる社会をつくっていきましょうよ」とお話しすると、落胆する方が少なくありません。

それには理由があります。認知症についてこれまで取り上げられてきたのは、苦労する家族の姿や、認知症の人が巻き起こすさまざまな「問題」でした。徘徊、行方不明、高齢ドライバーの事故、詐欺の被害、ゴミ屋敷など、ネガティブなものばかり……。そして、「問題」だけが取り上げられることで、「認知症になったらおしまい」「社会の迷惑になる」というイメージが、メディアなどを通じて私たちに植えつけられてきたからです。

しかし、実際に認知症の人を介護しながら介護の現場を取材していると、認知症になっても「何もわからなくなる」わけではなく、いわゆる「問題」を起こす認知症の人もごく一部だということがわかってきます。さらに「問題行動」とされる「暴力」や「徘徊」などにも理由があり、その理由となる本人の不安や混乱に気がついた周囲の人が接し方を変えることで、本人の行動が大きく変わることもわかってきました。

認知症は「病名」ではありません。脳の機能（認知機能）に変化が生じることで、さまざまな困りごとが起こる「状態」で、その原因になる病気は70種類以上あるといわれています。年齢を重ねればだれにでも「老化」は訪れます。脳の老化も例外ではありません。でも、認知症はふつうの脳の機能低下とはちがい、病気やケガ、感染症など、さまざまな原因で脳のネットワークに支障が起こり、生活のなかでさまざまな不便（障害）が出てくる状態です。

そうしたことが理解されてくるなかで、国もそれまでの「認知症は困った病気」とか「がんのように叩いて治す病気」とする考え方をあらため、認知症ケアに対する政策を転換するようになりました。認知症になった人たちが自ら語り始め、認知症になるとどんなことが起こるのか、どんなことに困っているのかもわかってきました。そして、家族や周囲の人の寄り添い方で、認知症の症状も変わってくることが明らかになっていくなかで、「認知症になったら何もわからなくなる」という偏見や誤解も、少しずつ減ってきました。

「認知症はだれでもなる可能性のあるもの」という視点から、東京・世田谷区では、認知症になっても「自分らしく生きていける地域をつくっていこう」と、２０２０年10月に「世田谷区認知症とともに生きる希望条例」を制定しました。条例に「希望」という文字が入ったのは、条例づくりに参加した認知症の本人たちの願いからです。

この条例では、４つの視点を盛り込んでいます。

①いままでの認知症の考え方を変える。
②みんながこの先の「そなえ」をする。
③ひとりひとりが希望を大切にしあい、ともに暮らすパートナーとして支えあう。
④認知症とともに今を生きる本人の希望と、あたりまえに暮らせること（権利・人権）をいちばん大切に。

認知症になっても、私たちの人生は続いていきます。間違った情報に振り回されるのではなく、認知症に対して正しい知識や認識をもつことで、認知症に「備える」こともできます。

任意後見（178ページ）や家族信託（190ページ）などもその一例ですが、認知症に限らず、もしものときにどんな医療やケアを受けたいのか、どんな暮らし方をしたいのかをあらかじめ考え、家族と共有していくなども含め、皆さんが元気なうちにできること、やっておくと役に立つことはたくさんあります。

認知症になったら、スムーズにできなくなる手続きがある

認知症の進行にともなって、問題になってくるのがお金の管理です。お金の利用や何らかの手続きを行う際、どんなことが出てくるのか、それに対してどう対処したらいいのか、ということも知っておく必要があります。

あなたは、もしもご家族が認知症になり自宅での生活が難しくなったら、自宅を賃貸したり売却したりして介護費用に充てる予定がありますか？　そうお考えの場合は、少しご注意ください。いざ「そのとき」が来たら、どうなるでしょう。実は、そのときには貸したり売ったりすることができない可能性が高いのです。なぜなら、持ち主の判断能力がしっかりある状態でないと、契約ごとは成立しないからです。

実は、認知症が進行してからでは、スムーズにできなくなる手続きがいくつかあり、「な

ってしまったらそのときに考えよう」では手遅れとなることがあるのです。

でも、「認知症になったら、具体的にどんな手続きができなくなるのか」がわかっていたら、そして、手遅れになる前にきちんと対策を打っていれば、認知症の症状が出てきても、慌てずに対処することができるのではないでしょうか。

この本を読むことによって、ご自身やご家族、近しい方が認知症になる不安から目を背けることなく、きちんとした準備をしておけば安心できるということを知っていただけたらと思います。

備えておいた光子さん、備えておかなかった菊枝さん

認知症になる前に金銭面で何らかの対策を打っておいた場合、逆に何も対策を打たないまま認知症になった場合、それぞれどんなことが起こるのか、例を挙げて説明しましょう。

光子さん（仮名・52歳）には、80歳の父と79歳の母がいます。両親は父親名義の家で2人暮らし。両親のもの忘れが最近気になっており、ゆくゆくは施設への入所を検討する必要性も感じています。

テレビで認知症の特集を見て、父親が認知症になったら実家を売却できなくなるかもしれないという話に不安を感じ、司法書士に相談しました。

そこで、家の管理を家族に任せる方法（いわゆる「家族信託」）を勧められ、両親と話し合い、検討した結果、父親と光子さんとの間で家族信託契約を結び、手続きを実行しました。

光子さんが行ったのは、具体的には次の2つの手続きです。

①父親名義の土地建物を、信託契約に基づいて光子さん名義に変更する手続き

②父親専用の預金口座(「信託口口座《しんたくぐち》」といいます)を開設し、光子さんが父親の預貯金を管理できるようにする手続き

これらの手続きを行ったうえで、実家の固定資産税や修理費などは、信託口口座で預かっていた父のお金を使い、光子さんが管理と支払いをしていきました。

しばらくしてから父親が認知症を発症し、契約ごとや銀行での手続きをひとりですることができなくなりました。そして、いよいよ両親2人の自宅での暮らしが厳しくなってきた段階で、実家を売却して、その資金で父母ともに施設に入所しました。

信託契約により、実家の名義が光子さんになっていたため、認知症になった父親が関与することなく、スムーズに売却の手続きをすることができたのです。

いっぽう、光子さんと同じ家族構成の菊枝さん（仮名・52歳）は、何も対策をしていません。78歳の父親と77歳の母親は父親名義の家に2人暮らし。高齢者の2人暮らしはなんとなく不安でしたが、まだ2人とも元気だし、そもそも何をしておけばいいのかわかりませんでした。

そして、何の対策も手続きもしないままに年月が過ぎ、ついに父親に認知症の症状があらわれ、日常生活が困難な状態になってしまいました。父親の定期預金を解約して入所できる施設を探そうと思いましたが、銀行から「成年後見人をつけないと解約できません」と言われてしまい、ひとまず母親と菊枝さんの貯金を切り崩して施設の入居金を支払いました。

母親についても、自宅での暮らしが厳しい状態になったら実家を売却したいと考えていたので不動産業者に相談しましたが、不動産業者からも「お父様に成年後見人をつけないと売れません」と言われてしまいました。

そう、菊枝さんのご家庭の場合は、成年後見人（158ページ）を選任するしか選択肢がなくなっていたのです。

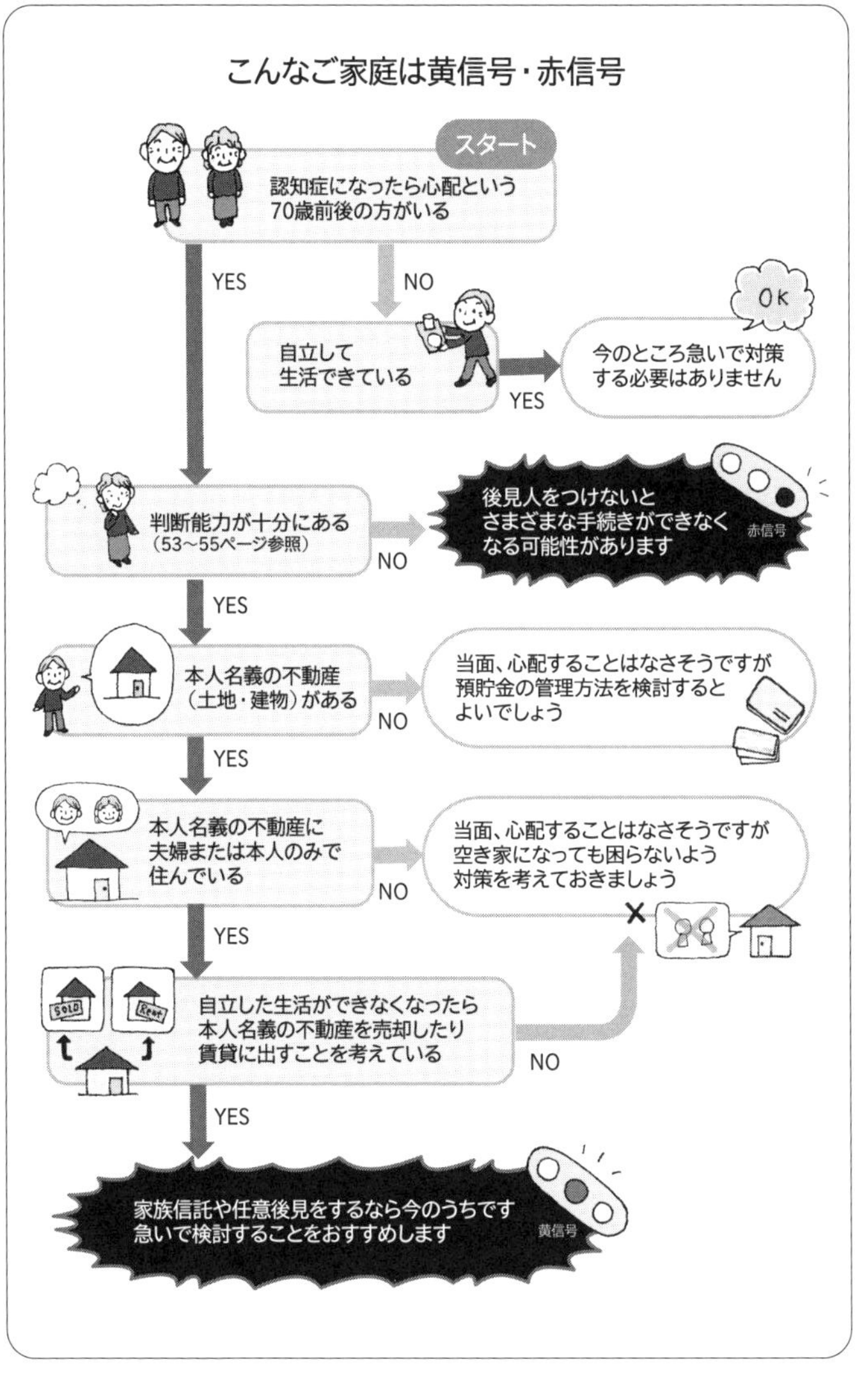
こんなご家庭は黄信号・赤信号
スタート
認知症になったら心配という
70歳前後の方がいる
YES
NO
自立して
生活できている
YES
OK
今のところ急いで対策
する必要はありません
判断能力が十分にある
（53〜55ページ参照）
NO
後見人をつけないと
さまざまな手続きができなく
なる可能性があります
赤信号
YES
本人名義の不動産
（土地・建物）がある
NO
当面、心配することはなさそうですが
預貯金の管理方法を検討すると
よいでしょう
YES
本人名義の不動産に
夫婦または本人のみで
住んでいる
NO
当面、心配することはなさそうですが
空き家になっても困らないよう
対策を考えておきましょう
YES
SOLD
Rent
自立した生活ができなくなったら
本人名義の不動産を売却したり
賃貸に出すことを考えている
NO
YES
家族信託や任意後見をするなら今のうちです
急いで検討することをおすすめします
黄信号

認知症になったら困難になる手続きの具体例

認知症は誰でもなり得るものですが、必ずなるものでもありません。判断能力が低下することなく、最期を迎えられる人もたくさんいらっしゃいます。実際、私（村山）の祖母は認知症にならずに92歳まで生き、いわゆるピンピンコロリの人生をまっとうしました。

「認知症に備える」ことは保険と似ているのではないかと私は感じています。事故に遭ったり病気になったりするかどうかわからないけれど、そうなってしまったときに困らないために準備をしておくという考え方が同じだからです。

例えば、医療保険を掛けるかどうかについて検討するとします。「病気で働けなくなってしまったら金銭的に困るだろうか？」「手術費や入院費に困るだろうか？」と想像してみて、「今ある預貯金で医療費や不就労の期間は耐えられそうだから、今は医療保険を掛ける必要なし」と判断するとします。この判断は、その人自身の置かれている状況や今後の展開を見据えた判断なので、納得のいくものといえます。

大事なのは、「判断材料があって」「まさかの事態を想像できて」「こうしておけば大丈夫だろうと納得できる選択肢がある」ということ。

何も考えずに日々を過ごしているうちに、まさかの事態が発生し、そのときには取りうる手段の選択肢がなかったという事態になることがもっとも避けたい結果です。

では、認知症になったら困難になる手続きについて、具体的に考えてみましょう。

認知症になったら困難になる法律上の手続きの代表例は、①住んでいる家の売却、②定期預金の解約、③相続の手続きの3つです。

あなたやご家族が次のようなケースに当てはまるのであれば、ぜひここから先もしっかり読み進めてください。

・親（またはご自身）名義の家や土地がある
・定期預金がある
・お子さんがいない

①住んでいる家の売却が困難になる

万が一、認知症になり自宅で生活できなくなってしまったら、住んでいる家を売って高齢者施設の入居費用に充てようと考えていらっしゃる方は多いのではないでしょうか。しかし現実には大きな壁があります。その壁とは、契約時の「意思確認」です。

不動産を売却する際は、不動産業者と司法書士が関与します。どちらも、売却の意思を確認する必要があり、この時点で判断能力が低下していると「成年後見人をつけないと売れません」と言われてしまうのです（成年後見人とは、判断能力が低下した方の代わりに契約をしたり財産を管理する、法律上の代理人のことです。第5章で詳しく説明します）。

成年後見人をつけずに強引に手続きを進めたとしても、新しい所有者に売却した後、「先日の売買契約は持ち主が認知症だったから契約が成立していないはずだ」という人が現れた場合に、売買契約が無効になってしまい、多大な損害が発生する可能性があります。よって、認知症等で判断能力が低下している場合は、成年後見人を選任し、法律上の代理人である成年後見人が売買契約を進めていくことになるのです。

②定期預金を解約できない

最近の金融機関が本人確認についてとても厳重になっているという点については、皆さん心当たりがあるのではないでしょうか。たとえ親子であっても、定期預金を解約する手続きの際には本人の同行を求められたり、本人が自署した委任状を提出したりする必要があります(金融機関によって代理で手続きできる範囲が異なります)。もし本人が認知症ということがわかれば「成年後見人をつけてから手続きしてください」と言われてしまう可能性が高いでしょう。

普通預金の場合は、キャッシュカードを預かり暗証番号がわかればATMで出し入れできますが、定期預金は窓口で解約の手続きをするのでスムーズにはいきません。何も知らずに銀行に行き、「本人が認知症なので代わりに解約しにきました」と窓口で伝えたとたんにお金をおろせなくなってしまったというケースが多いのです。

※2021年2月18日に全国銀行協会が発表した高齢者や親族による金融取引の考え方では、認知判断能力が低下した顧客本人との取引について、原則として成年後見人制度の利用を促すのが一般的である、としています。また、委任状などを持っていない親族に対する対応では、極めて限定的に対応す

るとしており、医療費の支払いなど本人の利益に適合することが明らかな場合に限り、依頼に応じることが考えられるが、原則として成年後見人の利用を求めることが基本である、とされています。

③相続の手続きがスムーズにできない

相続が発生すると、遺言書がない限り、相続人全員で「遺産分割協議」をすることになります（民法に定められている法定相続割合で引き継ぐ場合を除きます）。

遺産分割協議とは、遺産をどのように分けるかを協議することであり、相続人全員で行うことが必須で、ひとりでも漏れると無効になります。そして、協議をする相続人の中に認知症の人がいると、その人について成年後見人をつけないと有効な協議ができないことになります。

遺産分割協議のときだけ一時的に成年後見人をつけるということはできません。成年後見制度は、一度利用すると、本人の判断能力が回復しない限り、途中でやめることができないのです。つまり、遺産分割協議のために成年後見制度を利用し始めたとしても、遺産分割協議を終えたからといって成年後見人を解任するということはできず、その後本人が亡くなるまで成年後見人が全財産を管理し続けることになります。

専門職（司法書士や弁護士など）の成年後見人がついた場合、1年間で少なくとも24万円の報酬を払ってくださいという裁判所の審判が出るので、これを毎年払い続けることになります。5年続けば、120万円の出費です。

とくに注意しなければならないのは、亡くなった人にお子さんがいない場合です。この場合、両親はすでに他界しているケースが多く、相続人は次の順位である兄弟姉妹になりやすいからです。例えば80代の人が亡くなった場合、80代の人の兄弟姉妹となれば高齢の場合が多く、相続人の中に認知症の人がいる可能性も高いのです。

そのため遺産分割協議がスムーズに進まなくなるというリスクが高くなります。

ですから、お子さんがいらっしゃらない人は、兄弟姉妹間で遺産分割協議をしなくても済むように「遺言書」を準備しておくことが必須といえるでしょう。遺言書の作り方は後述します（137ページ、143ページ）。

いかがでしょうか。不動産や定期預金の名義人や、相続人となる可能性のある方が認知症になる前に何の対策もしないままでいると、これらの手続きは、結局「成年後見人を就けないと前に進めない」という事態になってしまいます。

成年後見制度は、判断能力が低下したご本人の財産を守るための大切な制度です。しかし、成年後見人がついた瞬間から亡くなるまで裁判所の監督下に置かれるため、生前贈与ができなくなったり、必要最低限の生活費での生活を推奨されたりと、財産管理の方法に制約が生じます。また、親族以外の専門職の成年後見人がついた場合は、ご本人が亡くなるまで成年後見人へ支払う報酬というランニングコストが発生し続けるということがおわかりいただけたでしょうか。

成年後見制度については、第5章でメリットとデメリットを紹介していきます。

第2章

認知症は「病名」ではなく「状態」です

認知症本人の声を聞く

この20年、認知症に対する考え方が大きく変わってきました。その背景には、認知症になった本人たちが声を上げてきたことがあります。それまでの認知症は家族や医療介護の専門職など「介護する側」の視点でとらえられてきましたが、本人が自分たちの声でそれぞれの体験や、日々の生活でどんなことに困難を感じているのかを語り始めたことで、認知症の人たちが必要としていることがだんだんわかってきました。この本の巻末には、認知症相談機関などの情報とともに、認知症の本人たちが出版した本をまとめて掲載していますが（221ページ）、それらを読むと認知症に対する認識が大きく変わってくると思います。

まず、本を読むことでわかってくるのは、「認知症って本当にさまざまなんだなぁ」ということです。記憶障害がまったくない人もいますし、空間の感覚がないため、着替えるのに数時間かかる人もいます。夜中に人がたくさん集まる幻視を見る人もいますし、時間の感覚がないので、タイマーが必要な人もいます。認知症をひと言でくくることはできないということを、本人たちの書いた本はまざまざと教えてくれます。

もうひとつは「人とのつながりが大切なんだなぁ」ということです。認知症の人たちは認知症と告げられたショックで、引きこもりなど苦しい時期を経験しています。しかし、その苦しさのなかで理解者や仲間と出会うことで、生きるちからを取り戻していきます。人や社会とのつながりは誰にも大切なものですが、孤独になりがちな認知症の本人や介護家族にとっては、とりわけ外の世界とのつながりが必要です。

そして、認知症になってその人の人格や行動が変わったように見えても、本人の根本が変わるわけではないということも、本を読むと理解できるでしょう。症状が進行しても「好き」と「嫌い」は変わりません。**本人にとって好きなことを増やし、嫌いなことをしないようにすれば、本人はもちろんのこと、介護する人も楽になるということを知っていただきたいと思います。**

認知症の人はたくさんの不便を抱えていますが、本人たちはそれを補ういろいろな工夫をしています。スマホ、タブレット、ヘルプカード、本人が行先を理解できる手づくりの地図……。不便を補うためには、ときにはパートナーと呼ばれる同伴者も必要です。

認知症の本人たちが2018年11月に表明した「認知症とともに生きる希望宣言」には、「一足先に認知症になった私たちからすべての人たちへ」として、次のようなメッセージが記されています。


私たちは、認知症とともに暮らしています。

日々いろんなことが起き、不安や心配はつきませんが、いろいろな可能性があることも見えてきました。

一度きりしかない自分の人生をあきらめないで、希望を持って自分らしく暮らし続けたい。

次に続く人たちが、暗いトンネルに迷い込まずにもっと楽に、いい人生を送ってほしい。

私たちは、自分たちの体験と意志をもとに
「認知症とともに生きる希望宣言」をします。
この宣言をスタートに、自分も希望を持って暮らしていこうという人、
そしてよりよい社会を一緒につくっていこうという
人の輪が広がることを願っています。

認知症の検査で最初に使われる「長谷川式簡易スケール」の考案者でもある認知症の専門医、長谷川和夫さんも認知症になりました。「認知症になった自分のいまを伝えたい」と取材に積極的に答えたり、全国で講演を行っていますが、その長谷川さんも何冊かの本を出版しています。

全国の図書館では、こうした認知症の本人の書いた本や認知症に関する本を集めたコーナーをつくるところが多くなりました。本人の声を聞くことから、認知症を知る私たちの新しい旅が始まります。

認知症に対する大きな誤解

認知症にはさまざまな誤解があります。冒頭でふれた「認知症になると、何もわからなくなる」というのは、その最たるものでしょう。認知症になると、確かにもの忘れは起こりますし、判断力は低下します。覚えることが苦手になって、日付や場所があいまいになることもあるでしょう。でも、「何もわからなくなる」わけではありません。

とくに初期の段階では、自分が「どこかおかしい」ことを本人は感じています。いままでできていたことが、うまくできなくなってきたり、以前と同じ自分ではないと感じたりすることで不安を募らせますが、その本人の不安に家族はなかなか気づきません。

認知症の人のなかには、忘れないためにノートにいろんなことを書き込んでいる人が少なくありません。そこには覚えておくための記述だけではなく、自分が認知症になったことへの怒り、嘆き、不安、絶望感など、さまざまな感情が記されています。本人が施設に入ったり亡くなったりしたあと、そのノートを見つけ、「本人はこんなに苦しんでいたのか」と知って涙したという話を、何人もの家族から聞きました。

認知症の本人とその家族の間でよく見かけるのは、同じことを何度も聞く本人に対して、「何度同じことを聞くのよ。さっきも答えたでしょ！」と、家族が言い返すシーンです。本人は自分がちゃんと伝えたかどうかが不安なので、何度も同じことを聞くのですが、どなられると不快な感情だけが心に残ります。

認知症になると忘れてしまう、というのも誤解です。忘れるのではなく、記憶しづらくなるのです。記憶がおぼろげだからこそ、家族からどなられるとさらに不安になる。認知症がかなり進行した人にも感情はしっかり残っていますので、「わかってもらえない」という気持ちが、心を閉ざしたり、逆に怒りや暴力につながることがよくあります。

認知症の本人の判断の基本的な感覚は「好き」か「嫌い」かによることが多いと、認知症に詳しい医師の大井玄さんは言います。「好き」だとそれを受け入れ、「嫌い」だと拒否をする。認知症医の木之下徹さんによると、本人の暴言や暴力は「それはイヤ」と告げる「リアクション」です。

自分が好きでもない食事を無理やり食べさせられたり、着替えだといっていきなり服を脱がされたら、誰でも「やめてくれ」と言うでしょう。しかし、認知症になると言葉が出にくくなるため、その代わりに振り払おうとしたり、大声で叫んだりするかもしれません。それは「暴言」でも「暴力」でもなく、人間の正常なリアクションです。

認知症になると、何もできなくなるというのも誤解です。できなくなることもありますが、できることもあります。とくに残っているのが「手続き記憶」と呼ばれる、料理など、その人が毎日行っていたことの記憶です。

認知症を本人の視点で考えることで、それまでとはちがった姿が見えてきます。そして、そこから認知症との新しい関係を築いていくことができるかもしれません。

認知症は「病名」ではなく「状態」です

年を取れば誰でも、もの覚えが悪くなりますし、人の名前が思い出せなくなることも多くなります。こうした「もの忘れ」は脳の老化によるものですが、認知症のもの忘れは単なる老化によるものではなく、脳の記憶にかかわる機能が少しずつ低下し、日々の暮らしがだんだんうまく送れなくなっていく状態です。

引き金になるのはさまざまな病気ですが、認知症は「病名」ではなく、そうした「日常生活に支障のある状態」の総称なのです。

老化によるもの忘れと認知症のちがいをいくつか挙げてみましょう。老化では記憶しているこの一部を忘れることはありますが、ヒントがあれば思い出すことができます。ところが認知症では、ヒントがあっても思い出せないことが少なくありません。

年を取ると判断力もだんだん衰えていきますが、認知症ではその低下がはた目にも目立つことが多くなります。そして、老化によるもの忘れや判断力の低下はそれほど急激に進行しませんが、認知症ではすばやく進行し、生活に支障をきたすことも少なくありません。

認知症の「症状」の引き金となる病気は70種類以上あるといわれ、原因になる病気によって症状のあらわれ方、経過や進行には大きなちがいがあります。

三大認知症と呼ばれているのが、「アルツハイマー型認知症」「脳血管性認知症」「レビー小体型認知症」で、認知症全体の6割以上はアルツハイマー型認知症が占めているといわれます（49ページの図参照）。しかし、レビー小体型認知症は示されている数値より、実際にはもっと多いのではないか、という意見もあります。

認知症の原因にはいくつもの病気が組み合わさっていることがあるため、アルツハイマー型だと診断され治療を受けていた人が、実はレビー小体型だとわかったことで適切な治療につながり、状態が改善したということがよくあります。そういう意味でも、検査と診断は信頼できる医療機関で受けることが大切です。

認知症を起こす病気には、大きく分けると3つの原因があります。

まずは脳の神経細胞の異常が原因で起こる「変形性認知症」。これには、認知症でもっとも多い「①アルツハイマー型認知症」（アルツハイマー病＝海馬や前頭葉の脳細胞が広範囲で委縮する）や、近年、注目されている「②レビー小体型認知症」（レビー小体病＝大脳皮質に「レビー小体」と呼ばれるたんぱく質がたまる）、そして、ピック病とも呼ばれる「③前頭側頭型認知症」（前頭側頭葉変性症＝思考や感情をコントロールする前頭葉と言葉の理解や記憶にかかわる側頭葉が委縮する）などがあります。そして、2つめの原因は脳梗塞、脳出血、くも膜下出血など、脳の血管障害による「④脳血管性認知症」です。

代表的な認知症は右の①から④の4つですが、それぞれ症状も特徴もちがいます。

①アルツハイマー型認知症の初期の特徴はもの忘れ、そして、それまでやってきた料理や仕事などにだんだん支障が出てくることです。

いっぽう②レビー小体型認知症では、初期にはもの忘れがない人もいます。また、見えないものが見える幻視や、つま先で小刻みに歩くパーキンソン病のような症状が先に出てくる人もいます。うつ病などの精神障害と間違えられることも少なくありません。

③前頭側頭型認知症では、穏やかだった人が怒りっぽくなるなど、人間が変わったようになる人が多いのが特徴です。また、同じ時間に同じ行為を毎日することにこだわるようになる人や、万引きなど社会の規範から外れた行動をしたり、言葉が出なくなる人もいます。若年性認知症に多いのも特徴です。

④脳血管性認知症では、血栓ができる箇所によって記憶障害、性格の変化など、さまざまな変化があらわれます。大きな梗塞があったり、大量の出血をした場合は、からだの麻痺や失語などの症状（高次脳機能障害）を伴うこともよくあります。

これってホントに認知症？

認知症の原因の3つめは、脳の外傷や脳腫瘍をはじめ、さまざまな原因で認知症状が出るその他の病気です。これには頭を打ったときに脳の中に血栓ができる「慢性硬膜下血腫」や、頭蓋骨内《ずがいこつない》に過剰にたまった脳脊髄液《のうせきずいえき》（髄液）が脳を圧迫する「正常性水頭症」をはじめ、全身の神経に炎症を起こす「神経ベーチェット病」、神経中枢が侵される「多発性硬化症」があります。

また、血液中の甲状腺ホルモンが不足する「甲状腺機能低下症」や、副甲状腺ホルモンが出すぎる「副甲状腺機能亢進症《こうしんしょう》」、アルコール中毒、薬物中毒、ビタミンB_1欠乏症などに加え、病気の治療のために処方されている薬が原因になることもあります。

これらの多くは手術や、減薬などの治療で症状が改善されるので「治る認知症」と呼ばれています。新聞広告などでよく見かける「認知症は治る」とうたわれた本の中身は、これらの病気を扱ったものです。

「治る認知症」のなかで、比較的簡単な手術で改善することが多いのが、慢性硬膜下血腫と正常性水頭症です。転倒などで頭を強く打ったとき、外傷もないし、レントゲンで見ても骨に損傷が見つからないのに、2～4週間で脳の表面に血の塊ができることのある慢性硬膜下血腫では、3週間から数か月後に頭痛や吐き気、歩行障害などに加え、認知症状が出ることが。これは頭に小さな穴をあけ、血の塊をチューブで吸い出すことで、症状が治まる可能性があります。

また、頭の打撲、くも膜下出血などさまざまな原因で髄液が脳内にたまる正常圧水頭症では、歩行困難、失禁などに加え、もの忘れが起こることがあります。脳か腰の脊髄《せきずい》からお腹にチューブを通す手術をすることで、7～8割が改善するといわれます。

慢性硬膜下血腫と正常性水頭症を疑った場合は、脳神経外科や神経内科で受診するのが一般的ですが、CTやMRIなどの画像検査設備がそろった総合病院であれば、もの忘れ外来など認知症を扱う診療科で診察することもできます。

女性の場合、「認知症かな?」と思ったときに、真っ先に疑ったほうがいいといわれているのが甲状腺機能低下症です。甲状腺は頸部《けいぶ》にある新陳代謝を調節するホルモンをつくる臓器のひとつ。甲状腺ホルモンは多すぎても少なすぎてもからだに影響を及ぼしますが、少ないために引き起こされるのが甲状腺機能低下症です。代表的な症状としては、疲れやすい、寒さに弱い、からだがむくみやすい、眉が薄くなる、体重増加などに加え、高齢者では意欲や気力の低下、もの忘れ症状が出ることがあります。

甲状腺機能低下症の診断は、採血で簡単にできます。甲状腺ホルモンの低下がある場合は、甲状腺ホルモンを補充することで症状は改善します。女性の甲状腺機能障害は男性の13倍といわれています。女性で上記の症状があり、もの忘れが気になってきた人は、まずはかかりつけの内科クリニックに相談してみるといいでしょう。

「高齢者うつ」も認知症と間違えられやすい病気です。子どもから高齢者までどの年代でも、うつ病は発症する可能性がありますが、高齢者のうつ病は「一日中ボーッとしている」「なんとなく元気がない」など、認知症の初期に似た症状があるため、認知症と間違われやすく、知らないうちにうつや認知症の症状が進行してしまうことがあります。

うつ病と認知症は、どちらも日常生活に支障が出てくるという共通点がありますが、原因がちがいます。認知症は「脳になんらかの障害が起こる」ことが原因で、記憶力や判断力などの認知機能が低下しますが、うつ病では、「抑うつ症状が長く続く」ことで日常生活がうまくいかなくなってきます。認知症とうつ病は区別しにくいことに加え、合併することも珍しくなく、うつ病の人が高齢化すれば認知症になったり、逆に認知症の人がうつ病にかかることもあるため、認知症専門医の診断が必要です。診断が間違っていると、治療法まで間違った方向に進んでしまうからです。

また、胃を切除した人には、4年以上たってからビタミンB_{12}欠乏症が、アルコール依存症の人では、ビタミンB_1欠乏症が起こることがあり、もの忘れやからだのふらつきなど、認知症に似た症状があらわれることがあります。

認知症の原因となる病気

■ 変形性認知症（脳の神経細胞の異常が原因で起こる）
- ・アルツハイマー型認知症
- ・レビー小体型認知症
- ・前頭側頭型認知症　など

■ 脳血管性認知症（脳梗塞など脳の血管の異常が原因）

■ その他の認知症状（脳外傷や脳腫瘍、脳炎などで起こる）
- ・神経ベーチェット病、多発性硬化症など
- ・慢性硬膜下血腫
- ・正常性水頭症
- ・甲状腺機能低下症、副甲状腺機能亢進症など
- ・アルコール中毒、ビタミンB_1、B_{12} 欠乏症

認知症の原因となる病気と割合

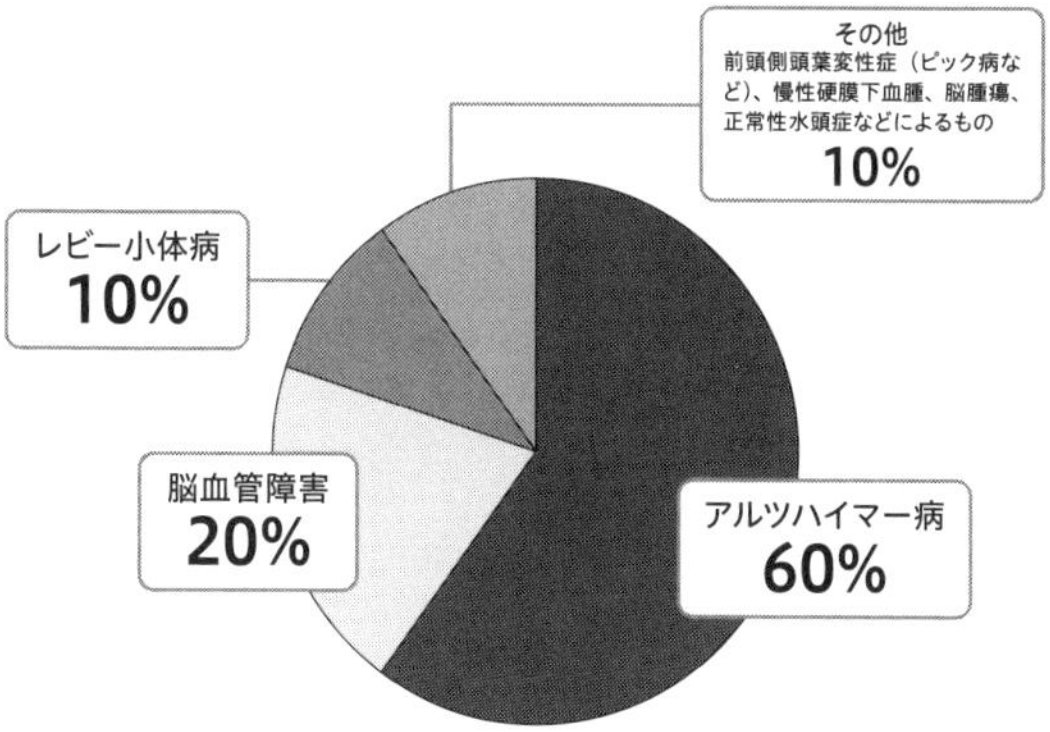

出典：「とうきょう認知症ナビ」（東京都福祉保健局高齢社会対策部在宅支援課）

「早期発見・早期治療・早期対応」が大切なわけ

どんな病気でも「早期発見、早期治療が大切」だといわれています。認知症も同じこと。嫌がる本人をどう医療機関につなげたらいいのかと悩む家族もいますが、最近では本人がひとりで、認知症専門医を訪ねることも少しずつ増えてきたようです。

「早期発見」の利点はいくつかあります。まず、「認知症」を起こしている病気を見つけることで、認知症ではない病気を発見することができます。「認知症かな？」と思ったとき、最初に疑ったほうがいい病気は甲状腺機能障害と高齢者うつだといわれます。前出の慢性硬膜下血腫や正常圧水頭症なども適切な治療を受ければ治ることが多いのですが、こうした「治る認知症」も、検査・診断を受けなければ発見できません。

認知症では理解力や判断力のある早期のほうが、診断の内容を本人が正しく理解することができることも早期診断の利点です。信頼できる医師と出会うことができれば、進行を予想しながら、家族や介護の専門職などと協力し、その後の生活を考えていくこともできます。

ただ、「早期発見」をしても、適切なフォローや周囲の理解と協力がないと、ひとりで悩み苦しむ「早期絶望」につながってしまいます。医療や介護につなげるだけではなく、本人たちが気軽に集まれる居場所や、認知症になっても働き続けることができる場所など、社会や地域でのケアの仕組みを整えることが求められています。

そして、認知症の診断が出れば、介護保険サービスを受けることができます。認知症に対して医療ができることはごく一部だといわれていますが、進行を遅らせる薬による治療を始めることもできますし、介護を通じて暮らしの不便さを取り除き、本人の気持ちや活動が萎縮してしまわないよう、支援体制をつくっていくこともできます。

とはいえ、嫌がる本人を強引に病院に連れていったりすると、家族関係がこじれる場合があります。かかりつけ医がいる場合は「健康診断」などの流れをつくり、そこから「脳の健康チェックも」などと言いながら、専門病院の検査につなげていくといいでしょう。
かかりつけ医がいない場合は、本人の信頼する人から診察を促してもらったり、医療機関を紹介してもらうのもひとつの方法です。

地域包括支援センターでは、認知症ケアの専門職が自宅に訪問して本人と家族をサポートする「認知症初期集中チーム」や、自治体が認定した病院に設置された「認知症医療疾患センター」を紹介してくれます。認知症の診断を適切にすることが、その後のケアと大きくかかわってきますので、検査がきちんとできる医療機関を見つけることが大切です。

市区町村では、認知症の進行に合わせてどんな医療・介護サービスを受けたらいいのかを掲載した冊子「認知症ケアパス（ガイド）」をつくっていますので、認知症を疑ったら、まずは役所の窓口で入手してください。認知症の説明から相談、地域のサポートサービス、相談窓口、医療機関などの情報が掲載されていて、ホームページからもダウンロードできます。

家族がつくった「認知症」早期発見のめやす

認知症の可能性を考えたら、「公益社団法人認知症の人と家族の会」が作成した『家族がつくった「認知症」早期発見のめやす』でチェックしてみましょう。

家族がつくった「認知症」早期発見のめやす

日常の暮らしの中で、認知症ではないかと思われる言動を、「家族の会」の会員の経験からまとめたものです。医学的な診断基準ではありませんが、暮らしの中での目安として参考にしてください。

いくつか思い当たることがあれば、一応専門家に相談してみることがよいでしょう。

もの忘れがひどい

□1 今切ったばかりなのに、電話の相手の名前を忘れる
□2 同じことを何度も言う・問う・する
□3 しまい忘れ置き忘れが増え、いつも探し物をしている
□4 財布・通帳・衣類などを盗まれたと人を疑う

判断力・理解力が衰える

□5 料理・片付け・計算・運転などのミスが多くなった
□6 新しいことが覚えられない
□7 話のつじつまが合わない
□8 テレビ番組の内容が理解できなくなった

時間・場所がわからない

□9 約束の日時や場所を間違えるようになった
□10 慣れた道でも迷うことがある

人柄が変わる

□11 些細なことで怒りっぽくなった
□12 周りへの気づかいがなくなり頑固になった
□13 自分の失敗を人のせいにする
□14「このごろ様子がおかしい」と周囲から言われた

不安感が強い

□15 ひとりになると怖がったり寂しがったりする
□16 外出時、持ち物を何度も確かめる
□17「頭が変になった」と本人が訴える

意欲がなくなる

□18 下着を替えず、身だしなみを構わなくなった
□19 趣味や好きなテレビ番組に興味を示さなくなった
□20 ふさぎ込んで何をするのも億劫がりいやがる

出典：公益社団法人　認知症の人と家族の会作成

認知症の診断、どう受ける?

認知症は一般的には、神経内科、精神科、心療内科、脳外科、あるいは「もの忘れ外来」「認知症外来」のような専門外来でも診てもらえます。何科を受診したらいいか迷ったときには、ふだんから通院しているかかりつけ医や、地域包括支援センターに相談し、紹介してもらってもいいでしょう。

「認知症かな?」と思っても、45ページで取り上げたように、認知症以外の病気が原因になっていることもあります。まずはその病気を除外することが大切なので、地域で信頼されている認知症の専門病院や専門医を探すことをおすすめします。各自治体には「認知症疾患医療センター」という、認知症の検査、診断、対応、相談などを行う役割をもつ医療機関もあります。

診断は次のような手順で行われます。

まずは面談です。本人と家族は医師から現在の状態や、これまでにかかった病気や事故などについて聞かれます。緊張してうまく伝えられないこともありますので、あらかじめメモを用意しておくといいでしょう。

次に本人の身体検査と記憶力などの検査、脳の画像検査を行います。検査の順番は前後するかもしれませんし、1日では終わらないかもしれません。血液検査、心電図検査、感染症検査、X線撮影など一般的な身体検査では、現在のからだの状態と他の病気がないかを調べます。

記憶力検査では、長谷川式簡易知能評価スケール、図形を描いたり単純な計算や作業をするミニメンタルステート検査、時計が正確に描けるかどうかを調べる時計線画テストなどいくつかを行います。

そして、脳の画像検査では、脳の形、委縮、梗塞や出血、腫瘍などの有無を調べるCT（X線を使ったコンピュータ断層撮影）やMRI（電磁気による画像検査）、脳の血流や脳細胞の代謝などの状態などを調べるPET（陽電子放出断層撮影）やSPECT（単光子放出断層撮影）などを必要に応じて行います。

検査は時間がかかります。本人には結果に対する不安もありますので、家族は本人の負担を減らすよう心配りをしてください。認知症については本人や家族の手記に加え、検査の内容や診断を詳しく解説する本もたくさん出ています。予備知識を得ておくことは不安解消にもつながります。家族のいない人は、信頼できる人に付き添ってもらいましょう。

診断の結果が出るまでには10日から2週間ほどかかります。診断は本人ひとりでは聞かず、家族や信頼できる人と一緒に聞くようにしたいものです。検査の結果、45ページで取り上げたような脳の血腫や新しい梗塞、脳腫瘍など、認知症ではない病気が見つかった場合は、担当医が専門の医療機関を紹介してくれます。

診断や治療内容の説明に納得できない場合は、別の医療機関でセカンドオピニオンを受けることもできますので、担当医に相談してみましょう。紹介状を書いてくれるはずです。

認知症という診断を受けた場合に成年後見等の申立てを予定している人は、裁判所に提出する診断書の作成を医師に依頼することになります。詳しくは第5章の成年後見の申立て（163ページ）を参考にしてください。

認知症の「中核症状」と「BPSD」

認知症には「中核症状」と「BPSD（認知症に伴う行動・心理における症状）」という2つの症状があるといわれます。以前は「中核症状」「周辺症状」という分け方をされてきましたが、近年では「BPSD」という名称が一般的になっています。

中核症状というのは、認知症という状態を起こす脳の変化から起こる症状で、いろいろなものごとを記憶しにくくなる記憶障害、自分のいる場所や日時がわからなくなる見当識障害、状況が把握できず判断ができにくくなる実行障害、会話がうまくできなくなったり、空間認識ができなくなる高次脳機能障害などがあります。

いっぽうBPSDというのは、中核症状で起こる記憶障害や判断力の低下によって、周囲の人とのかかわりのなかで「不安や混乱」が起こり、日常生活にさまざまな支障が出てくる状態です。財布などの置き場所がわからなくなった不安から、盗まれたと思い込む「物盗られ妄想」、トイレの場所がわからなくなった混乱から起こる「尿失禁」、手助けを攻撃と判断して起こす「暴力・暴言」、ここは自分の場所ではないという不安から、自分の場所を探して歩く「徘徊」……。

以前は「問題行動」と呼ばれたこともあるこうした行動ですが、本人にとってはそれぞれ、そこに至った理由がちゃんとあります。その行動が「なぜ」起こっているのかを考え、本人の気持ちを大切にした対応をすると、本人の症状の改善につながることが少なくありません。逆に周囲にその理由が理解されないと、絶望感から状態が深刻化しますので、介護はひとりで抱え込まず、専門職やほかの介護家族など、相談相手をたくさん見つけてください。

そして、もうひとつおぼえておいてほしいこと。ＢＰＳＤはすべての認知症の人にあらわれるわけではありません。

認知症には「中核症状」と「BPSD」がある

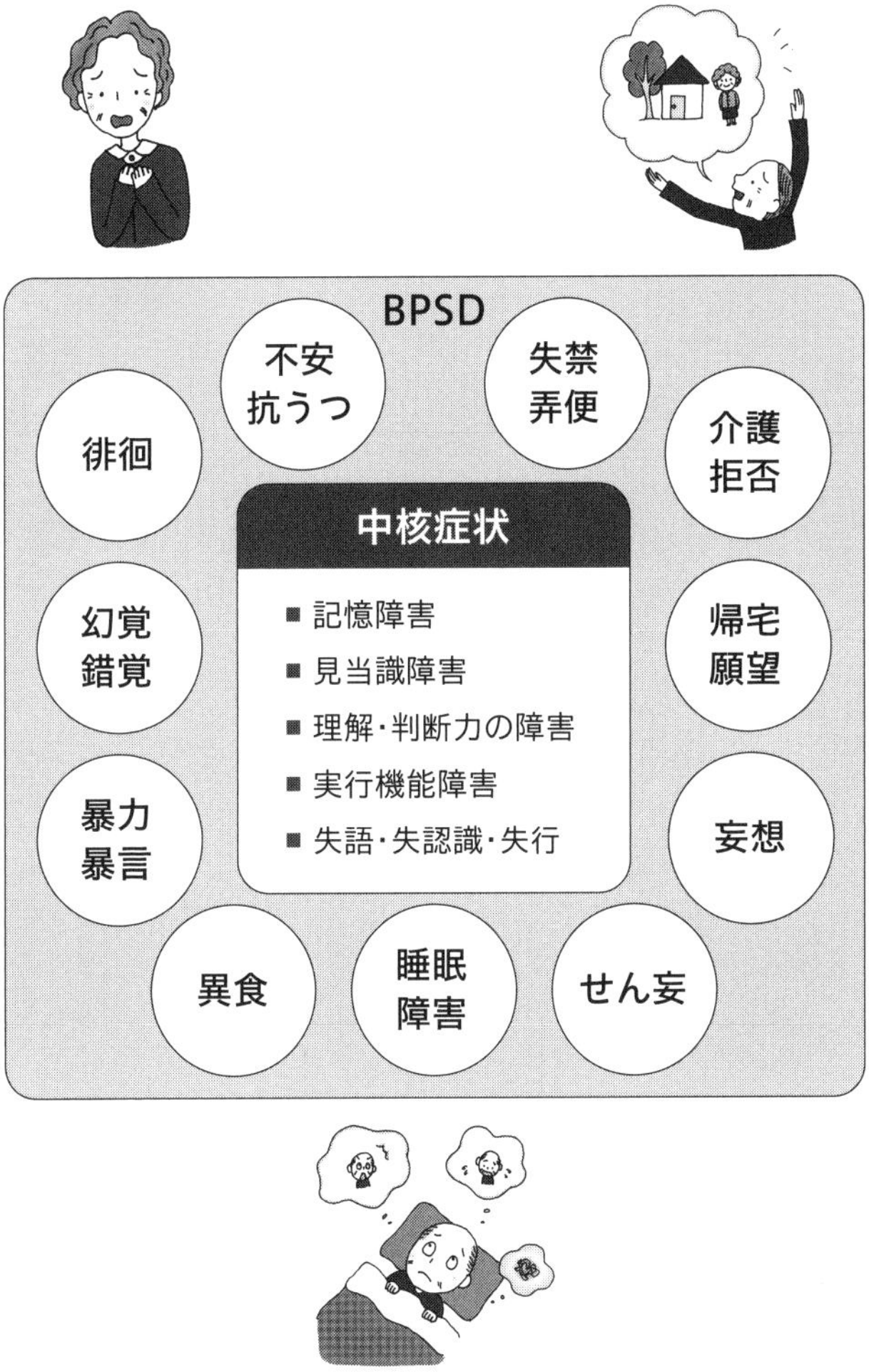

認知症薬のことをもっと知ろう

年を重ねるとからだの不調や病気が増え、服用する薬も増えていきます。厚生労働省によると、7種類以上の薬を飲んでいる人は、75歳以上の約4分の1。4割が5種類以上の薬を処方されているそうです。

そして、薬の数が増えるほど高まってくるのが、そのリスク。日本老年医学会は、6種類以上を服用すると、害を及ぼす頻度が増えてくると指摘しています。

高齢化が進むなか、近年、大きな問題になっているのが「ポリファーマシー（多剤併用）」です。ポリは「たくさん」、ファーマシーは「調剤」を意味した造語で、厚生労働省は6種類以上の薬が処方されていることをポリファーマシーの目安にしています。

認知症ではもともと持っている基礎疾患の薬と、認知症の進行を抑えるための薬に加え、認知症に伴う行動や心理症状を軽減するために向精神薬や睡眠薬などを処方されることが多いため、とりわけポリファーマシーには気をつける必要があります。多くの薬が処方されていることで、副作用が増えたり、飲み忘れなどが起こったり、逆に重複して服用してしまうといったことが起こりがちなのも、認知症の人の薬の課題です。

東京都大田区「たかせクリニック」の高瀬義昌さんは300人近くの患者の訪問診療を行っていますが、その9割は認知症。高瀬さんが初回の訪問で取りかかるのが薬の整理です。朝・昼・夜と20種類近くの薬を飲んでいる人もいるので、様子を見ながら整理して減らし、薬のコントロールを適切に行っていくと、認知症の症状が劇的に改善することも珍しくはありません。とくに薬に敏感なレビー小体型認知症の人は、認知症薬自体が原因で症状の悪化が起こっていることもあるので、薬にはことさら注意が必要です。

残念なことに、認知症の根本的な治療薬はまだありません。現在あるのは認知症を遅らせるとされている薬で、日本で承認されているのはドネペジル、ガランタミン、リバスチグミン、メマンチン（商品名では、アリセプト、レミニール、リバスタッチパッチとイクセロンパッチ、メマリー）の4剤の抗認知症薬です。ドネペジルだけはアルツハイマー型認知症に加えてレビー小体型認知症にも保険適用がありますが、残りの3剤はアルツハイマー型のみが保険適用となっています。

これらは、おもにアルツハイマー型認知症の症状の進行度やBPSDに応じて使い分けられます。無気力や無反応、意欲減退がみられる場合はアリセプト、不安や妄想があり、理性が低下したり、攻撃性が出るなどの情緒不安定がみられる場合はレミニール、薬を飲み忘れてしまう人には貼り薬のリバスタッチパッチなどがよく使われ、夜間に興奮症状がみられる場合はメマリーが選択されることが多いようです。

アリセプト、メマリーなど最初の3つの薬は、神経伝達物質を増やす「アセチルコリンエステラーゼ阻害薬」という種類です。アルツハイマー型認知症やレビー小体型認知症の中核症状の進行を抑制するとされ、おもにアルツハイマー型認知症の軽度から中等度の段階を中心に幅広く服用されています。

このアセチルコリンは、とくに薬物が最初に吸収される消化器に作用しますので、副作用として吐き気や下痢、食欲不振があらわれることがあります。また、ふらつきなどの歩行障害や、精神的な副作用として攻撃的になったり興奮したりすることがあり、暴言や暴力などが出てくることもあります。

消化器の副作用が出やすい場合には、皮膚に貼りつけて吸収させるリバスチグミンなどのパッチ剤を用いることがありますが、かぶれることがあるので肌の弱い人は気をつけたいもの。同じ働きをするパッチ剤と経口剤を、一緒に用いることはありません。

いっぽう、メマリーは「NMDA受容体拮抗剤」という種類で、神経細胞に悪いとされる神経伝達物質の分泌を抑えることで、過剰な興奮による脳神経の損傷を抑え、中核症状の進行を抑制するといわれています。メマリーは比較的重度の認知症にも用いられ、興奮を抑える作用もあることから、行動・心理症状の興奮や暴言・暴力などの攻撃性に対する効果が期待されていますが、副作用としてはおもにめまい、便秘、頭痛や眠気が報告されています。

認知症の薬には、「意欲を高めるタイプ」と「精神を落ち着かせるタイプ」の2種類がありますが、アリセプトは前者、メマリーは後者の部類に入ります。「アセチルコリンエステラーゼ阻害剤」と「NMDA受容体拮抗剤」は効果のしくみが違うため、アリセプトとメマリーが併用されることも少なくありません。

そのほか、不眠、昼夜逆転など、認知症にともなう生活上の悪影響を抑えるために、睡眠薬（睡眠導入剤）が処方されたり、気持ちを落ち着かせる抑肝散などの漢方薬や、抗不安薬、抗精神病薬、抗てんかん薬などの向精神薬が処方されることもあります。

こうした薬は、やむを得ず処方される場合もありますが、高齢者にとって有害となる可能性があるので注意が必要です。とくに、抗精神病薬、ベンゾジアゼピン系睡眠薬・抗不安薬、三環系抗うつ薬と、パーキンソン病薬・抗ヒスタミン剤などに含まれる抗コリン薬などは要注意とされています。

そのほか、消炎鎮痛剤や降圧剤、さらには市販されているH２ブロッカーという種類の胃腸薬やアレルギーの薬、風邪薬なども、意識が混乱して暴力や不穏・興奮などの状態を起こす「せん妄」の原因となることがあるということも、認知症の人や高齢者を介護する家族には、ぜひ、覚えておいていただきたいと思います。

日本はアリセプトなど抗認知症薬の処方が諸外国とくらべ、多いことで知られています。

十分な認知症診断や定期的な評価を行わないまま、薬を漫然と処方している医療機関も少なくありません。薬の不適切な処方は認知症自体の悪化に加え、消化器の不調、不安の悪化、めまい、転倒など、さまざまな副作用の原因となりますので、認知症に詳しく薬の使用に慎重なドクターを選んでください。薬に頼るのではなく、①適度な運動、②バランスのいい食事、③日々の会話や人との交流を心がけ、認知症を悪化させないことが最大の治療だというのが、私（中澤）が信頼する認知症専門医の共通した意見です。

認知症の薬といえば、認知症の新薬がアメリカで承認された、というニュースが大きな話題になっています。アルツハイマー病の新薬承認は18年ぶりとあって、認知症の人やその家族からは大きな期待が寄せられています。

認知症の一種であるアルツハイマー病は、脳の中に有害なたんぱく質である「アミロイドβ」が蓄積し、神経細胞を壊すことで発症すると一般的には考えられています。今回、米食品医薬品局（ＦＤＡ）が承認した「アデュカヌマブ」は、これまでの進行を遅らせる薬とは違い、このたんぱく質を除去する世界初の治療薬とされています。

しかし、米ＦＤＡが下したのは、実際には「条件付き承認」。諮問委員会の委員が承認への抗議で辞任するなど、科学界からは批判的な声も上がっています。臨床試験（治験）では十分なデータが得られず、効果が確認されているのは発症後間もない軽度のアルツハイマー病患者だけ。症状が進んだ人への有効性はわかっていないなどから、「過剰な期待は危険」という多くの慎重な意見があり、脳浮腫や脳出血のリスクも指摘されています。

さらに新薬は点滴で、４週間に１回の投与が必要とされ、価格の目安は年間約６１０万円と高額です。薬の投与前には脳内にたまったアミロイドβを確認するための高額な検査「アミロイドＰＥＴ（陽電子放射断層撮影）」も必要となります。患者にとっては待ちわびた薬ですが、認知症の専門医の間では、高価な価格を考えると、リスクが高いうえに劇的な効果は薄いとの意見が強いのが現状です。

第3章

認知症の人を介護する前に知っておきたいこと

介護保険サービスの利用を申請する

認知症と診断されたら、介護保険サービスを利用することを考えましょう。

介護についての最初の相談窓口は、「地域包括支援センター」です（219ページ）。ここは高齢者相談のいわば「よろず相談窓口」。保健師、社会福祉士、ケアマネジャーがいて、介護と医療についてのさまざまな相談に乗りながら、手続きや専門窓口につなげてくれます。

その際には、何も知らないまま相談に行くよりも、お住まいの自治体のホームページに掲載されている介護に関する情報を、おおまかにでもインターネットで事前につかんでおくといいでしょう。本人の住所地を担当する地域包括支援センターの住所や電話番号もここで調べることができます。

介護認定を受けるまでの流れ

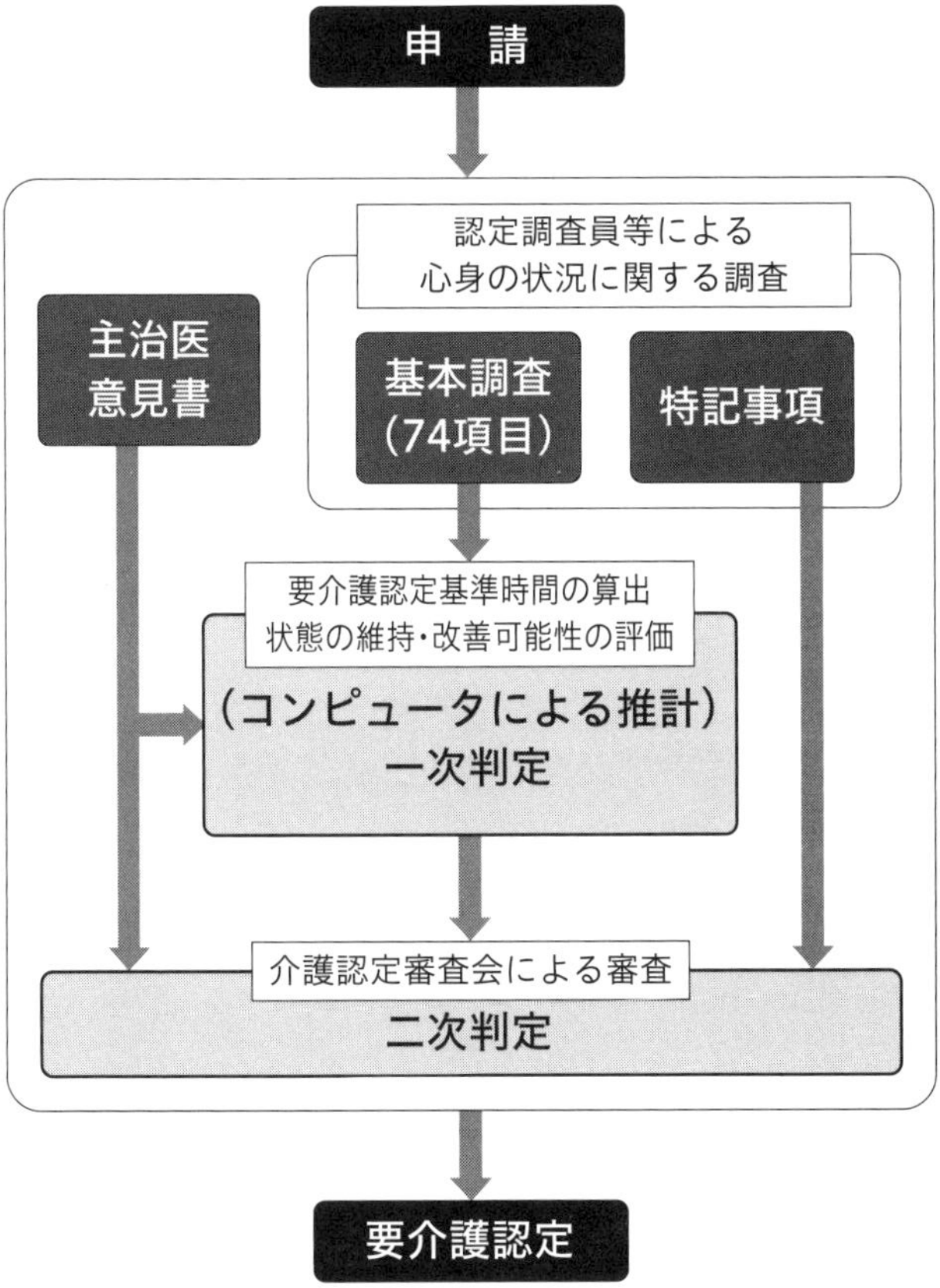

出典：厚生労働省老健局総務課
平成30年度「公的介護保険制度の現状と今後の役割」

市区町村の名称と「介護保険」で検索すると、介護保険制度の最新パンフレットがダウンロードできる自治体も多くなってきました。表やグラフ、介護保険の説明が多いので、頭が混乱するかもしれませんが、そこは読み飛ばして、「サービスの利用法」だけでも読んでおくと、相談がより具体的にできるでしょう。

介護保険が利用できるのは、基本は65歳からですが、老化にともなう「特定疾病」と呼ばれる16種類の病気をもつ40歳から64歳の人も利用できます。「特定疾病」には、認知症をはじめ、がん、脳血管性疾患、パーキンソン病、関節リウマチなどが含まれ、「若年性認知症」の人も介護保険サービスの対象となります。

一般的には65歳になると「介護保険証」が送られてきます。けれども、医療保険とちがって、介護保険証だけでは介護保険サービスは利用できません。役所の介護保険担当課の窓口や、地域包括支援センターの窓口で、要介護（要支援）認定申請をすることで、要支援1から要介護5までの7段階の認定を受けることができます。

要介護認定は家族でも申請できます。家族が遠距離にいる場合は、地域包括支援センターの職員が申請を代行することができますので、相談してみましょう。体調が悪かったり入院している場合も、役所に連絡して事情を説明すれば、担当者が自宅や病院に来てくれます。

申請書には主治医の氏名・医療機関名・所在地・電話番号を記入する欄があります。認知症の診断を受けた医師に、「主治医」として意見書を書いてもらうよう依頼しましょう。

主治医がいない場合は役所で探してくれますが、本人のふだんの様子を知らないため、認定が軽く出る場合も少なくありません。高齢になるほど「かかりつけ医」の存在が大切になってきますので、いない人は健康診断などの機会を利用して、早めに見つけておきましょう。

介護保険サービスは、認定を受けて「要支援」または「要介護」に認定されなければ利用できません。窓口では必ず「要介護認定を受けたい」とはっきり告げてください。

1か月あたりの支給限度額 (自己負担1割または2割、3割)	利用できる在宅サービスの目安
50,320円 (自己負担1割　5,032円) (　〃　2割　10,064円) (　〃　3割　15,096円)	週2～3回のサービス ・週1回の訪問型サービス(ホームヘルプサービス等) ・通所型サービス(デイサービス等) ・月2回の施設への短期入所
105,310円 (自己負担1割　10,531円) (　〃　2割　21,062円) (　〃　3割　31,593円)	週3～4回のサービス ・週2回の訪問型サービス ・通所型サービス ・月2回の施設への短期入所 ・福祉用具貸与(歩行補助つえ)
167,650円 (自己負担1割　16,765円) (　〃　2割　33,530円) (　〃　3割　50,295円)	1日1回程度のサービス ・週3回の訪問介護 ・週1回の訪問看護 ・週2回の通所系サービス ・3か月に1週間程度の短期入所 ・福祉用具貸与(歩行補助つえ)
197,050円 (自己負担1割　19,705円) (　〃　2割　39,410円) (　〃　3割　59,115円)	1日1～2回程度のサービス ・週3回の訪問介護 ・週1回の訪問看護 ・週3回の通所系サービス ・3か月に1週間程度の短期入所 ・福祉用具貸与(認知症老人徘徊感知機器)
270,480円 (自己負担1割　27,048円) (　〃　2割　54,096円) (　〃　3割　81,144円)	1日2回程度のサービス ・週2回の訪問介護 ・週1回の訪問看護 ・週3回の通所系サービス ・毎日1回、夜間の巡回型訪問介護 ・2か月に1週間程度の短期入所 ・福祉用具貸与(車イス、特殊寝台)
309,380円 (自己負担1割　30,938円) (　〃　2割　61,876円) (　〃　3割　92,814円)	1日2～3回程度のサービス ・週6回の訪問介護 ・週2回の訪問看護 ・週1回の通所系サービス ・毎日1回、夜間対応型訪問介護 ・2か月に1週間程度の短期入所 ・福祉用具貸与(車イス、特殊寝台)
362,170円 (自己負担1割　36,217円) (　〃　2割　72,434円) (　〃　3割　108,651円)	1日3～4回程度のサービス ・週5回の訪問介護 ・週2回の訪問看護 ・週1回の通所系サービス ・毎日2回(早朝・夜間)の夜間対応型訪問介護 ・1か月に1週間程度の短期入所 ・福祉用具貸与(特殊寝台、エアーマットなど)

2019年10月からの金額です。
地域や利用するサービスにより差異が生じることがあります。

要介護度別、身体状態の目安と利用できる在宅サービス例

要介護度	身体の状態（例）
要支援1	**要介護状態とは認められないが、社会的支援を必要とする状態** 食事や排泄などはほとんどひとりでできるが、立ち上がりや片足での立位保持などの動作に何らかの支えを必要とすることがある。入浴や掃除など、日常生活の一部に見守りや手助けが必要な場合がある。
要支援2 要介護1	**生活の一部について部分的に介護を必要とする状態** 食事や排泄などはほとんどひとりでできるが、ときどき介助が必要な場合がある。立ち上がりや歩行などに不安定さがみられることが多い。問題行動や理解の低下がみられることがある。この状態に該当する人のうち、適切な介護予防サービスの利用により、状態の維持や、改善が見込まれる人については要支援2と認定される。
要介護2	**軽度の介護を必要とする状態** 食事や排泄に何らかの介助を必要とすることがある。立ち上がりや片足での立位保持、歩行などに何らかの支えが必要。衣服の着脱は何とかできる。物忘れや直前の行動の理解の一部に低下がみられることがある。
要介護3	**中等度の介護を必要とする状態** 食事や排泄に一部介助が必要。立ち上がりや片足での立位保持などがひとりでできない。入浴や衣服の着脱などに全面的な介助が必要。いくつかの問題行動や理解の低下がみられることがある。
要介護4	**重度の介護を必要とする状態** 食事にときどき介助が必要で、排泄、入浴、衣服の着脱には全面的な介助が必要。立ち上がりや両足での立位保持がひとりではほとんどできない。多くの問題行動や全般的な理解の低下がみられることがある。
要介護5	**最重度の介護を必要とする状態** 食事や排泄がひとりでできないなど、日常生活を遂行する能力は著しく低下している。歩行や両足での立位保持はほとんどできない。意思の伝達がほとんどできない場合が多い。

出典：公益財団法人　生命保険文化センター　ホームページ「公的介護保険で受けられるサービスの内容は？」をもとに編集部にて図表を加工

認定調査を上手に受けるには

　要介護認定の申請をすると、市区町村の担当職員や役所から委託された訪問調査員が自宅を訪問します。訪問調査では調査員が本人の心身の状態や日ごろの生活状態などについて聞き取り、動作確認を行います。

　その際には本人の日常をよく知っている家族などが立ち会い、**服装を整えたり部屋の掃除をしたりしない**ようにして、本人の普段の生活状態を見てもらうことが大切です。

　聞き取りでは認知症の人はできないことも「できる」と主張することが多く、動作もしっかりしているため軽度と判断されがちです。調査員には本人が認知症だということを告げ、本人への聞き取りが終わったあと、実際の状態を調査員に耳打ちしたり、メモを渡したりして、「特記事項」として報告するようにしてもらってください。

適切な判定には、この「特記事項」と申請時の「主治医意見書」がしっかりしていることが大切です。

調査結果はコンピュータに入力され「第一次判定」となり、その後、複数の専門家による「第二次判定」が行われ、「要支援1・2」「要介護1～5」の7段階の判定が1か月程度で出ます。最近ではコンピュータ判定、「介護認定審査会」による二次判定ともきびしくなっています。認定結果に納得できないときは、認定から60日以内に前述の都道府県の「介護保険審査会」に、再審査を申し立ててください。

入院中でも調査員が病院を訪問し、認定調査を受けることができますので、病院の医療ケースワーカーに相談してください。帰宅後すぐにサービスを受けたいときには、開始時期の「前倒し」をすることも可能です。ただ、判定時に予想よりも軽い認定結果が出た場合は、超過した分が全額自己負担になるので用心を。入院中は公的医療保険を使っているため、介護保険は利用できません。2つの公的保険の同時使用はできないからです。

要介護認定が下りても、介護サービスをすぐに使うことはできません。サービスを開始するには、「いつ、どこで、どのようなサービスを、どんな目的で利用するか」を記載したサービス計画書（ケアプラン）を作成し、自治体に提出する必要があるからです。

それを本人と一緒につくるのが都道府県知事の認定を受けた介護支援専門員（ケアマネジャー）です。「要支援1～2」の認定が下りた人は地域包括支援センターのケアマネジャーが「介護予防サービス計画書」の作成を支援し、「要介護1以上」の認定を受けた人は、本人や家族が選んだケアマネジャーが「介護サービス計画書」の作成の支援をします。

ケアマネジャーと一緒にケアプランをつくる

介護保険で利用できるサービスは、要介護段階によって上限が決まっています。この「支給限度額」は、7つの要介護段階に応じて5万320円（要支援1）から36万2170円（要介護5）まであり、各段階の上限までは1割〜3割負担で利用できますが、それを超えた分は自己負担となります。

自宅とそれに準ずるサービス付き高齢者住宅（サ高住）などで介護を受ける場合は、支給限度額の上限までの枠内でケアプランに沿って必要なサービスを選ぶことができます。しかし、特別養護老人ホーム、介護付き有料老人ホーム、グループホーム、老人健康施設などの高齢者施設では、上限までの費用がそのまま請求されることを知っておきましょう。

認定で要介護度が決まったら、次はケアマネジャーを探します。前出のように要支援の人は地域包括支援センターのケアマネジャー、要介護の人は自分で選ぶことになっていますが、引き受けてくれる人がいれば、要支援でも介護支援事業所のケアマネジャーに依頼することができます。

ケアマネジャー選びの相談窓口は地域包括支援センターです。ただし、ここでは事業所のリストはもらえても、個別の紹介はしてくれません。それでも「自宅に近い事業所」「認知症や医療に強いケアマネジャー」「ベテランの多い事業所」などと具体的に聞いてみると、それとなく答えてくれるかもしれません。情報を得たら、まずはいくつかの事業所に電話し、その対応を見ながら実際に訪問し、相談してみるといいでしょう。

ケアマネジャーはいったん依頼したら替えられないと思っている人が多いようですが、替えることができますので、コミュニケーションがうまく取れない、仕事が怠慢など、うまくいかない場合は変更しましょう。ケアマネジャーは長年の伴走者ですから、信頼できる人を選びたいものです。なお、ケアプランは「セルフケアプラン」といって自分で作成することもできます。

要介護認定には有効期間があります。新規の申請は6か月、更新認定だと12か月ですが、2018年の介護保険制度改定からは、心身の状態が一定期間安定しているなどの条件を満たしていれば、有効期限が3年に延長されるようになりました。有効期限内に重度化したときは、次回の更新時期を待たずに要介護度の変更（区分変更申請）ができます。

こうした手続きは、ケアマネジャーがやってくれます。区分変更をすれば、状態に合ったサービスが利用でき、受けられるサービスの量を増やすこともできますが、要介護の段階が上がるとサービス利用料も高くなるので、使えるお金との兼ね合いを考えることが必要です。

介護保険で使える在宅介護サービス

ケアマネジャーが決まったら、介護保険で利用できる限度額（支給限度額）を見ながら、ケアマネジャーと一緒にケアプランを立てます。「要支援」の人も介護保険によるサービスを利用しますが、使えるのは介護状態になるのを防ぐ「介護予防サービス」で、利用できる回数や時間に制限があります。

介護保険サービスには、「居宅介護サービス」「施設サービス」「地域密着サービス」の3種類があります。

自宅で利用できるのが「居宅介護サービス」で、もっとも利用が多いのはホームヘルパーによる「訪問介護」、そして、施設に通って食事や入浴、レクリエーションをする「デイサービス」と機能訓練を行う「デイケア」です。

また、病気のある人は看護師が訪問する「訪問看護」や、自宅で機能訓練を行う「訪問リハビリテーション」、お風呂に入るのが困難な人は移動入浴車で介護職員や看護師が訪問する「訪問入浴サービス」も利用できます。家族の不在時や休息が必要なときに施設に短期入所する「ショートステイ」や、介護ベッドなどを借りられる「福祉用具レンタル」もあり、手すりの取り付けや段差解消などの「住宅改修」もできます。

「地域密着型サービス」は、そこに住む人だけが利用できる市区町村の事業です。認知症の人に特化しているサービスには「認知症対応型デイ」や、認知症の人が小規模な住宅で一緒に暮らす「グループホーム」があり、ひとり暮らしの認知症の人に適しているといわれるのが、デイに泊まりとヘルパー訪問の3つの機能を備えた「小規模多機能型居宅介護」と、そこに医療ケアを加えた「看護小規模多機能型居宅介護」です。

また、1日何度か定期的に訪問したり、必要に応じて随時訪問する「定期巡回・随時対応型訪問サービス」や、通常の介護サービスが使えない夜間の時間帯に訪問する「夜間対応型訪問サービス」など、9種類のサービスがあります。

こうした介護保険サービスを、利用者本人の希望やからだの状態、家族の要望も含めて組み立てていくのがケアプランです。

必要なサービスはそれぞれの利用者によって異なります。医療費や家計の状態、家族の健康や仕事の状態なども考えながら、ケアマネジャーと相談するといいでしょう。限度額いっぱい使う必要はありませんので、本人が必要とするサービスとかけ離れたケアプランを組まないよう、介護家族・介護者も考えていく必要があります。

認知症の人が自分らしく暮らせるようにと、仕事や料理、農作業などを取り入れるデイサービスも少しずつ増えてきました。ＮＰＯなどが農園や山林を管理し、認知症の人たちと一緒に作業をしている地域もあります。認知症になっても自分らしく暮らしていくためには、「地域を知る」ことも大切です。ご近所さんをはじめ地域の理解者も増やしていきましょう。

介護サービスの種類

	予防給付を行うサービス	介護給付を行うサービス
都道府県・政令市・中核市が指定・監督を行うサービス	◎介護予防サービス 【訪問サービス】 介護予防訪問入浴介護 介護予防訪問看護 介護予防訪問リハビリテーション 介護予防居宅療養管理指導 【通所サービス】 介護予防通所リハビリテーション 【短期入所サービス】 介護予防短期入所生活介護(ショートステイ) 介護予防短期入所療養介護 介護予防特定施設入居者生活介護 介護予防福祉用具貸与 特定介護予防福祉用具販売	◎居宅介護サービス 【訪問サービス】 訪問介護(ホームヘルプサービス) 訪問入浴介護 訪問看護 訪問リハビリテーション 居宅療養管理指導 【通所サービス】 通所介護(デイサービス) 通所リハビリテーション 【短期入所サービス】 短期入所生活介護(ショートステイ) 短期入所療養介護 特定施設入居者生活介護 福祉用具貸与 特定福祉用具販売 ◎施設サービス 介護老人福祉施設 介護老人保健施設 介護療養型医療施設 介護医療院
市町村が指定・監督を行うサービス	◎地域密着型介護予防サービス 介護予防認知症対応型通所介護 介護予防小規模多機能型居宅介護 介護予防認知症対応型共同生活介護(グループホーム) ◎介護予防支援	◎地域密着型介護サービス 定期巡回・随時対応型訪問介護看護 夜間対応型訪問介護 地域密着型通所介護 認知症対応型通所介護 小規模多機能型居宅介護 認知症対応型共同生活介護(グループホーム) 地域密着型特定施設入居者生活介護 地域密着型介護老人福祉施設入所者生活介護 複合型サービス(看護小規模多機能型居宅介護) ◎居宅介護支援

この他、居宅介護(介護予防)住宅改修、介護予防・日常生活支援総合事業がある。

出典:「公的介護保険制度の現状と今後の役割」　平成30年度　厚生労働省老健局

介護保険3施設の概要

	特別養護老人ホーム	老人保健施設	介護療養型医療施設
基本的性格	要介護高齢者のための生活施設	要介護高齢者にリハビリ等を提供し在宅復帰を目指す施設	医療の必要な要介護高齢者の長期療養施設
定義	65歳以上の者であって、身体上又は精神上著しい障害があるために常時の介護を必要とし、かつ、居宅においてこれを受けることが困難なものを入所させ、養護することを目的とする施設【老人福祉法第20条の5】	要介護者に対し、施設サービス計画に基づいて、看護、医学的管理の下における介護及び機能訓練その他必要な医療並びに日常生活上の世話を行うことを目的とする施設	療養病床等を有する病院又は診療所であって、当該療養病床等に入院する要介護者に対し、施設サービス計画に基づいて、療養上の管理、看護、医学的管理の下における介護その他の世話及び機能訓練その他必要な医療を行うことを目的とする施設【旧・医療法第7条第2項第4号】
介護保険法上の類型	介護老人福祉施設【介護保険法第8条第26項】	介護老人保健施設【介護保険法第8条第27項】	介護療養型医療施設【旧・介護保険法第8条第26項】
主な設置主体	地方公共団体 社会福祉法人	地方公共団体 医療法人	地方公共団体 医療法人
居室面積・定員数 従来型 面積／人	10.65㎡以上	8㎡以上	6.4㎡以上
居室面積・定員数 従来型 定員数	原則個室	4人以下	4人以下
居室面積・定員数 ユニット型 面積／人	10.65㎡以上		
居室面積・定員数 ユニット型 定員数	原則個室		
医師の配置基準	必要数(非常勤可)	常勤1以上 100:1以上	3以上 48:1以上
施設数※	8,234	4,337	833

出典:厚生労働省第45回社会保障審議会介護保険部会資料に令和元年度介護サービス施設・事業所調査の施設数の数値のみを引用して作成

※の施設数については令和元年10月1日現在の数

自治体の独自サービスも利用する

介護で利用できるのは、介護保険サービスだけではありません。お住まいの市区町村には独自の高齢者福祉サービスがあり、介護保険サービスと組み合わせることで、介護の負担を減らすことができます。料金は無料の場合も、利用者に一部自己負担が生じる場合もあり、対象も要介護者から介護保険対象外の高齢者まで、自治体によって異なります。市区町村のホームページや発行する介護保険のパンフレットで、自分の住むまち独自のサービスをチェックし、ケアマネジャーにも相談してみましょう。

最近は予算削減でカットされることも増えてきましたが、多くの自治体で実施しているのが、自宅で暮らす高齢者に紙おむつなどを現物支給したり、その購入費を助成する「紙おむつ支給・購入費助成サービス」です。条件は自治体によって異なりますが、おむつの使用量が多い人には嬉しいサービスです。

ひとり暮らしの高齢者や高齢者・障害者世帯で、食事づくりが困難な場合、昼食や夕食を自宅に届ける「配食サービス」も、全国の多くの自治体で実施しています。

自宅で急病や事故などの緊急事態が起こったときに備える「緊急通報システム」の貸与も、利用条件は異なりますが、多くの自治体で行っています。緊急時に装置の「緊急（非常）ボタン」やペンダント型の発信機のボタンを押せば、救急車などにつながります。最近はセンサー付きの機器を貸し出す自治体も出てきました。

また、ひとり暮らし高齢者やからだが虚弱な高齢者で、寝具の衛生管理が困難な人を対象にした寝具の丸洗いや乾燥・消毒サービス。外出困難な人に理髪店、美容院から訪問し、髪のカットなどを行う「訪問理美容サービス」。からだの不自由な人を対象に、自宅から病院や高齢者福祉施設までの送迎を行う「移送、送迎サービス」、鍼灸《しんきゅう》マッサージ、電磁調理器の購入助成、認知症の人の見守りサービス、一時的に車いすを必要とする人への車いす貸し出しサービスを行っている自治体もあります。

さらに要支援・要介護認定を受けている人などが、介護保険サービスの住宅改修に上乗せして利用できる「住宅改修支援および階段昇降機などの設置費助成」を実施している自治体もあります。対象になる人も助成の額も、自治体によって大きく異なりますので、リフォームを考える場合は、この制度を知ってうまく利用するといいでしょう。

社会福祉協議会には、有償ボランティアによる家事支援サービスがありますし、地域では高齢者の日常生活を支援する「ワンコインサービス」も増えてきました。地域の資源をフルに活用したり、有償のサービスを利用して、介護をラクにしていきましょう。社会福祉協議会の有償ボランティアサービスや、地域の資源の利用方法については、ケアマネジャーや地域包括支援センターに相談してみましょう。

認知症の人でも「最期まで在宅」は可能？

認知症の症状は一人ひとりちがい、進行についても個人差がとても大きいのが特徴です。認知症の介護年数は平均7年というデータもありますが、10年以上の人も6人に1人いるといわれています。私（中澤）が後見（任意後見。178ページ）をしている友人は、認知症を発症してからすでに17年。この9年間は認知症グループホームで生活しているものの、8年間は介護と医療、友人や近所の人の手助けで、自宅でひとり暮らしをしていました。周囲の人たちに支えられながら、自宅で看取《みと》りを受けたひとり暮らしの認知症の人もいます。

アルツハイマー型認知症では、「軽度」「中等度」「高度」の3つの時期があるといわれています。個人差はありますが、「軽度」では、同じことを何度も言うようになったり、しまい忘れや置き忘れが多くなったり、料理や買い物でうまくできないことが多くなったりします。この時期は本人も混乱しているので、きちんと診断を受けると同時に、認知症になった本人の気持ちを受け止めることが大切です。「介護は初動が大切」といわれますが、ここで介護家族が認知症のことを学びながら、ご近所や周囲の人たち、民生委員をはじめ地域の協力を得て、本人に合った介護や医療、暮らしの態勢を整えることで、その後の本人の症状や、家族の介護の大変さが軽減されていくことが少なくありません。

「中等度」になると、季節に合わない服装をするようになったり、お風呂に入るのをいやがったり、迷子になることが多くなったり、いろんな手助けが必要になってきます。ひとり暮らしがむずかしくなってくる時期ですが、いきなり「施設」を考えるのではなく、まずは本人の願望に沿った方法を、ケアマネジャーと一緒に考えたいものです。

「家にいたい」というのなら、ヘルパーや訪問看護師の回数を増やしたり、認知症のひとり暮らしの人に適しているといわれる「小規模多機能型」（日中のデイ、泊まり、ヘルパーの自宅訪問を組み合わせることができる通いの施設）を利用したり、ショートステイを増やす、地域の人材やサービスに頼るなど、ケアや「見守り」の機会を増やしていくいろいろな方法があります。

アルツハイマー型認知症には３つの時期がある

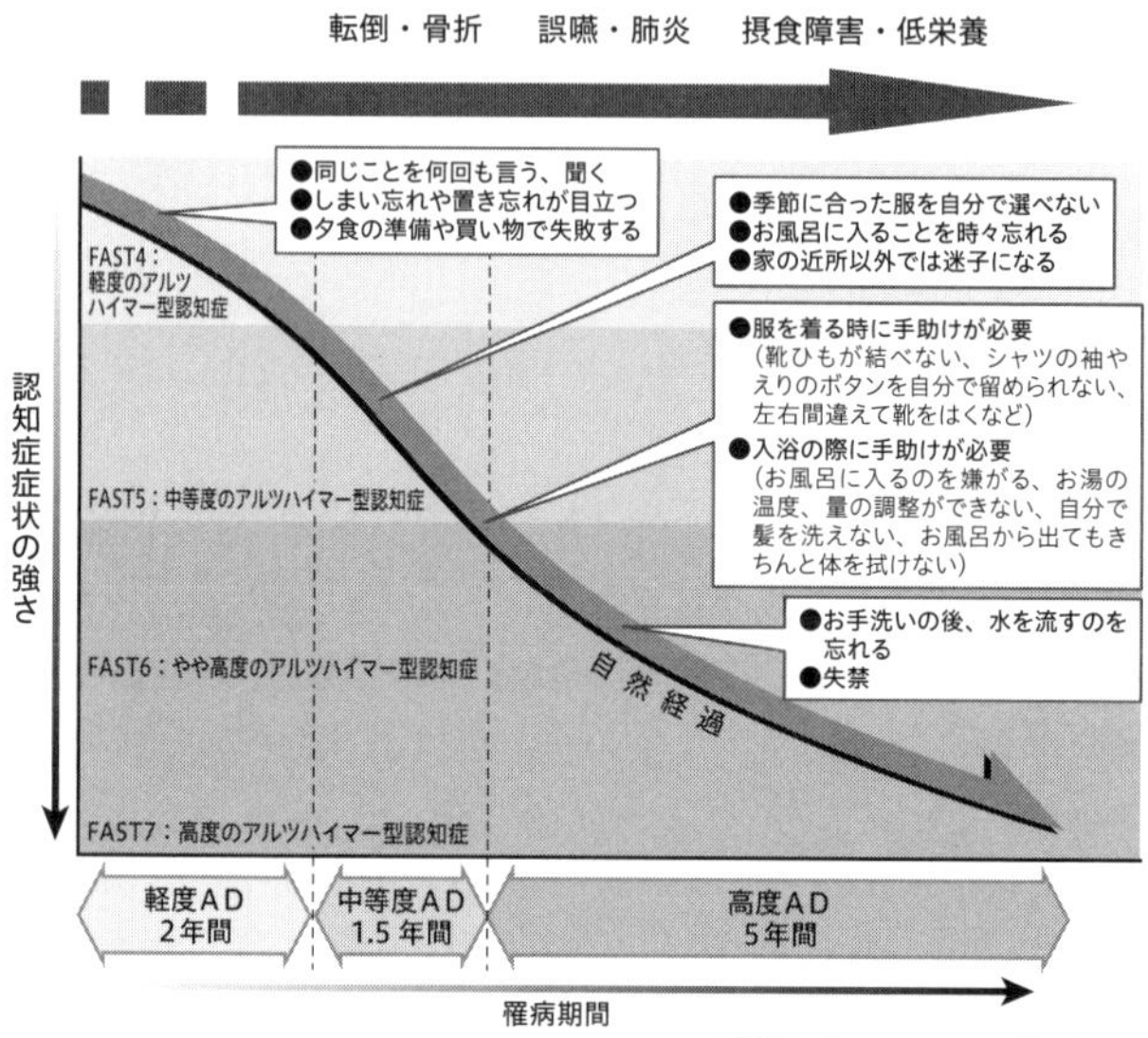
転倒・骨折　誤嚥・肺炎　摂食障害・低栄養
●同じことを何回も言う、聞く
●しまい忘れや置き忘れが目立つ
●夕食の準備や買い物で失敗する
●季節に合った服を自分で選べない
●お風呂に入ることを時々忘れる
●家の近所以外では迷子になる
●服を着る時に手助けが必要
（靴ひもが結べない、シャツの袖やえりのボタンを自分で留められない、左右間違えて靴をはくなど）
●入浴の際に手助けが必要
（お風呂に入るのを嫌がる、お湯の温度、量の調整ができない、自分で髪を洗えない、お風呂から出てもきちんと体を拭けない）
●お手洗いの後、水を流すのを忘れる
●失禁
FAST4：軽度のアルツハイマー型認知症
FAST5：中等度のアルツハイマー型認知症
FAST6：やや高度のアルツハイマー型認知症
FAST7：高度のアルツハイマー型認知症
認知症症状の強さ
自然経過
軽度AD 2年間
中等度AD 1.5年間
高度AD 5年間
罹病期間
FAST:Functional Assessment Stanging

出典：B.Reisberg,et al.:Springer-verlag

そして、やや高度になると、お手洗いが間に合わなくなり、失禁が起こるといったことも出てきます。その間に、転倒骨折、誤《ご》嚥《えん》による肺炎、摂食障害・低栄養なども起こるようになり、入院も増えてくるでしょう。介護施設への入居を真剣に考える時期ですが、本人の状態が悪化し限界となってからではなく、早めに情報を収集したり施設の見学をし、施設の種類やそこでの生活について知っておくことをおすすめします。

「認知症カフェ」など地域の相談場所を利用する

私（中澤）が認知症の友人の介護を始めたとき、いちばんほしいと思ったのは、医療や介護についての相談が気軽にできたり、そこに行くことで地域のケア資源の情報が手に入る場所でした。高齢者のワンストップ相談場所には、地域包括支援センターがありますが、少ない人数で相談から調査・訪問まで、さまざまな業務に追われているため、なかなか「気軽に相談」というわけにはいきません。

最近は気軽に訪れることができる地域の相談場所が少しずつ増えてきました。そのひとつが認知症の人やその家族、ケアの専門職と地域の人がゆるやかに集う「認知症カフェ」です。新型コロナのまん延で、活動に苦心しているところが少なくありませんが、その数、全国で７０００か所超。認知症カフェには、本人を中心にレクリエーションを行うところから、家族や地域の人を対象に講座を行うところまで、さまざまなタイプがあります。

本人中心型では認知症の本人同士が、気軽に悩みや楽しみをわかちあうことができますし、講座型では家族が認知症ケアを学んだり、介護の悩みを相談し合ったり、地域の医療・介護情報交換が気軽にできます。本人と家族、地域の人たちが一緒になって、おしゃべりやモノづくりをしているカフェもあります。認知症の本人たちが集う「本人会」や、認知症の本人が認知症の人の相談に乗る「オレンジドア」も全国でいくつか始まっています。

「どこを訪ねたらいいのかわからない」というときは、もよりの地域包括支援センターが情報をもっていますので、まずは問い合わせてみてください。

介護家族は日々の介護でストレスや孤独感を抱えがちですが、地域には介護家族が主催したり、地域包括支援センターや社会福祉協議会が支援する「介護家族会」もあり、全国組織の「認知症の人と家族の会」のような、認知症に特化した介護家族会もあります。インターネットには介護の悩みに答える相談サイトがありますが、同じような悩みをもち、共感しながら話を聞いてくれる介護家族や、地域の医療や介護についての情報を分かち合える人たちが、実際にお互いの顔を見ながら話し合える介護家族会はまた別物です。

そして、これからもっと増えてほしいのが、看護師など専門職がボランティアで常駐する「暮らしの保健室」。本人や介護家族、地域の人たちが気軽にふらっと立ち寄り、健康の不安から介護、家族関係の悩み、入院・退院の相談までができる集いの場所です。ランチサービスを行っているところもあり、ひとり暮らしの高齢者にとっては頼もしい地域の居場所となっています。地域にあったら、ぜひ、訪ねてみてください。

市区町村のホームページでは、認知症カフェや介護家族会の一覧を掲載しているところが増えてきました。地域包括支援センターが情報をまとめていることもあるので、介護や医療の情報がほしい人、介護のストレスを感じるようになった人は、日程が合うところや、自宅から行きやすいところから、気軽に訪ねてみるといいでしょう。参加しても雰囲気が合わなかったり、居心地が悪いと感じる会もあると思います。そんなときは別の会を試してみましょう。会は主宰者と参加者によって内容も雰囲気もちがいますので、本人や家族が気持ちよく参加できる会を探してください。

制度を上手に使って、介護・医療費を軽減する

老後の心配として多くの人が挙げるのは「健康とお金」です。介護保険制度の見直しのたびに利用者負担が増え、介護保険サービスがやせ細っていくので、「どれだけお金がかかるのだろう」と介護の費用を心配している人が、多いと思います。

しかし、日本には医療費や介護費を軽減する助成制度がたくさんあります。制度はややこしく、利用するのにハードルの高いものもありますが、ケアマネジャーやケースワーカー、医師に相談しながら賢く利用することで、介護の費用を軽減していくことができます。どんな助成制度があるのかは、各市区町村のホームページに掲載されています。日本のお役所は「申請主義」。申請をしないとどんな制度も使えませんので、まずは自分で制度について調べましょう。そこから介護や医療の費用軽減の扉が開いていきます。

医療のお金がもっともかかるのは、大きな病気で入院し手術などを受けたときと、治療費のかさむがんや難病にかかったとき、末期がんなどで家族のレスパイト（休息）のためにホスピス（緩和ケア病棟）に入院したりするときです。

とはいえ、大きな病気をしても、日本の公的医療保険はそれほどお金の心配をしなくてもいいようにつくられています。よく知られているのが「高額療養費制度」。例えば100万円の治療費がかかった場合でも、70歳未満の月収28万〜50万円の人の1か月の負担上限額は8万100円です。それ以下の収入の人は限度額が固定されていて、低所得者（住民税非課税世帯）は3万5000円までの支払いです。国民年金しかない人はこの「低所得者」になることが多いので、親が住民税非課税世帯かどうかを調べておくといいと思います。70歳以上では、負担上限額はさらに低くなります。

公的医療保険にはそのほか、複数の医療機関の治療費を合算できる「複数合算」、同じ公的医療保険に加入している同一世帯を合算する「世帯合算」、費用のかかる病気で継続的に治療を受けている人を対象にした「多数該当」などの制度があります。

介護では介護保険サービスを受けると、原則として費用の1~3割を利用者が負担しますが、医療の高額療養費制度と同じように、介護にも利用者負担額の上限を超えるとお金が戻る「高額介護サービス費」と呼ばれる制度があります。夫婦などで介護保険サービスを利用していれば世帯で合算できますし、医療と介護の両方が合算できる「高額医療・高額介護合算療養制度」もあります。わからないときはケアマネジャーに相談しましょう。

認知症の人が使える障害者のための制度

介護保険サービスの利用者は原則65歳からですが、認知症など16の「特定疾病」がある人は、40歳から介護保険が利用できます。また、あまり知られていませんが、障害者のための制度が利用できることもあります。役所の窓口や医師と相談してみましょう。

生まれつきの障害をもった人や、目、耳、手足が不自由になった人ばかりではなく、あらゆる病気やケガによって生じた障害をもつ20歳以上の人が受給できるのが「障害年金」です。認知症や脳血管障害、高次機能障害になった人もその対象となり、若年性認知症など65歳前に認知症になった人は、「特定疾病」として介護保険サービスも受けられます。

障害年金を受給できるのは65歳までで、その後は「老齢年金」に切り替わります。障害年金は、土台となる「障害基礎年金」だけでも平均月額7万～8万円、企業で働いていた人は「障害厚生年金」が上乗せされ、月額20万円を超える人もいます。制度は複雑でハードルも高いですが、病院や行政のソーシャルワーカーに相談してみてください。

障害者には「障害者自立支援法」に基づく「自立支援医療制度」がありますが、認知症と高次機能障害がこの助成制度の対象になることも、あまり知られていません。40歳未満でも対象になるこの制度を利用すると、認知症での診療や処方薬の自己負担額が3割負担でも原則1割に、低所得者（住民税非課税世帯）では月額2500円か5000円が上限となり、それ以上を支払わなくてもよくなります。毎年の更新手続きが必要ですが、70歳未満で医療費が負担になっている非課税世帯の人には、とくに知っていただきたい制度です。

認知症の人にからだの麻痺《まひ》、言語障害、咀嚼《そしゃく》障害、内臓機能障害などが起こったり、寝たきりになったとき、国が定めた医療基準に該当していれば「身体障害者手帳」が交付され、障害の程度（等級）によって医療費の助成をはじめ、税金面、公営住宅の入居などで優遇制度を受けることができます。等級は重いほうから1〜7級まであり、3級以上になると「重度心身医療」の対象として医療費が助成されるほか、税金の控除などさまざまな福祉サービスも受けられます。

身体障害者手帳の対象になる病気は多くの高齢者がもっていますし、加齢に伴う疾患でも手帳は交付されます。また、寝たきり状態の場合や、回復の見込みがないということになれば認められることが多いので、経済的な心配のある人は、自分や家族の病気が対象になるのかどうかを調べ、担当医に相談してみるといいでしょう。

気をつけたい認知症の人の「入院」

高齢期には予期しないことがたくさん起こります。転倒骨折、入浴中の脳梗塞、肺炎、持病の合併症、検査入院……。年齢を重ねていけば、入院の可能性は増えてきます。認知症の人も例外ではありません。入院は誰にとっても不安なものですが、慣れない環境や、検査・治療のストレスは認知症の人にとっては、とくに大きな混乱の原因となりがちです。

「リロケーションダメージ」という言葉がありますが、高齢者では入院をきっかけに認知症のような症状が出たり、認知症が悪化することは珍しくありません。

高齢者は10日間の入院で、体力が一気になくなるといわれます。私（中澤）が後見をしている友人は、３週間の入院で認知症が悪化し、退院後、拒食状態になったことがありました。母は軽度の認知症の段階のとき、結核の疑いで検査入院したことがありますが、10日間の入院でそれまで書けていた自分の名前が書けなくなりました。足どりはおぼつかなくなっていたものの、認知症状はまったくなかった父は、2か月の入院で「寝たきり」になり、認知障害も出ました。

原因のひとつは「寝かされきり」です。足のふらつきがある人や認知症の人は、入院すると看護師の手が回らないことと転倒のリスクを理由に、おむつや尿カテーテルをつけられたままになったり、ベッドでのやわらかい食事が続いたり、歩けても移動が車いすになったりします。また、入院中は一時的に混乱したり精神状態が不安定になり、興奮したりする「せん妄」が起こることがよくあるため、点滴などをはずすのを予防しようと、両手にミトンをはめたり、ベッドに縛り付ける「身体拘束」を行う病院もあります。

入院ではこうしたことがしばしば起こりうるので、入院期間はできるだけ短縮するようおすすめします。外来で検査や処置・治療を行えないか、どんな治療を行うのか、入院期間はどのくらいかなどを入院前に担当医に聞き、入院後も担当医に面会や電話をして、検査の結果、病気の状態、今後の見通しを訊《たず》ねながら、医療相談室のケースワーカーやケアマネジャーなどと一緒に、退院後の生活（自宅での訪問診療、施設の選択など）の準備をしていきたいものです。

「身体拘束」も基本的にはしないよう依頼し、看護師やリハビリの担当スタッフには、本人のからだを起こした日常を増やすことを頼むほか、食事についても摂食嚥下《せっしょくえんげ》機能《きのう》を調べてもらい、普通食に戻せるかどうかを確かめてもらいましょう。

在宅医療を上手に利用する

認知症になると、通院のための移動や待ち時間が苦手になり、それまで通っていた医療機関に通うのを嫌がる人もいます。そんなときには無理して通院するよりも、医師や看護師、歯科医、リハビリの理学療法士などが自宅に定期的に訪問する、訪問診療を利用してみたらいかがでしょうか。

病院から退院しても、介護スタッフと一緒に本人の日々の生活を支える医療の受け皿が地域にないと、病気をもつ人は自宅に戻ることはできません。医療費削減のため、入院から退院までの日数はますます短くなっているとあって、地域での在宅医療の必要性が高まっています。地域格差はありますが、病院や医師会が訪問診療にちからを入れているところも、少しずつ増えてきました。

訪問診療を行う医療機関には、在宅療養支援診療所という24時間365日対応の診療所と、往診を行う普通の診療所があり、訪問診療をする医師は定期診療と往診を必要に応じ組み合わせて行っています。

在宅医療の対象は子どもから高齢者まで幅広く、慢性疾患を抱える高齢者ばかりではなく、難病や重度の障害をもつ人、がんのターミナルの人、看取りをする人などさまざまです。訪問診療医は日常の健康状態のチェック、経過観察、血液・尿・心電図などの検査、痛みのコントロール、薬の処方などを行うほか、訪問看護師や訪問リハビリ療法士などに指示書を出します。

訪問診療医の定期訪問診療は月2回からでしたが、いまでは経過観察として月1回から行っています。訪問診療は24時間対応なので、緊急往診、夜間往診も行い、病院と連携し、検査や再入院の手配も行います。訪問範囲は16キロまで。公的医療保険が1割負担の後期高齢者（75歳以上）では、費用は月1回で3200円程度、月2回で7000円程度です。医療費3割負担の70歳未満の人は負担感が大きくなりますが、医療や介護の助成・減免制度をうまく利用して軽減してください。その他、医療費には治療費や検査代、医療機器費、薬代などが加わります。

また、歯科にも訪問診療があります。歯科の診察・治療費、薬代などは医療保険ですが、要介護認定を受けた人は、歯科医による口腔ケアを月2回、歯科衛生士による口腔ケアを月4回、1割負担の場合は350円から500円程度で受けられます。訪問薬剤師も介護保険で月4回、1割負担の場合は1回500円程度で受けられますので、薬の相談、調整などで利用してください。

外来への通院が難しくなってきたら、かかりつけ医がいたら、まずかかりつけ医に相談するといいでしょう。「往診くらいはやりますよ」と言ってくれるかもしれませんし、近隣の訪問診療医を紹介してくれることもあるでしょう。そして、ケアマネジャーにも相談する。調剤薬局の薬剤師、近所の訪問看護ステーションも情報源のひとつです。

最近では都道府県や市区町村、医師会が在宅ケアの地域資源のデータ化にちからを入れるようになったため、名前や場所、扱う診療科などが、簡単にインターネットで調べられるようになりました。自分で探してみることも大切です。

認知症の人の介護施設はどう選ぶ？

認知症が進行すると自宅での介護に限界を感じ、本人の介護施設への入居を考える家族も増えてきます。

多くの場合、施設は家族が選んでいますが、その場合も本人のそれまでのライフスタイル、好み、暮らしやすさを考えてください。住み慣れた場所から移り住むことは、環境の変化に敏感な本人にとって大きなストレスになるからです。住み慣れた地域の施設や、それまで暮らしてきた家と似た雰囲気の施設なども、施設を選ぶポイントになると思います。

いずれにしても、家族が介護で疲弊しないうちに、できれば本人も一緒にいろんな施設を見学し、どんな施設が本人にとって暮らしやすく、終《つい》の住みかになりうる暮らしの場になるかを考えていきたいものです。

認知症の人が暮らすことができる介護付き施設には、「認知症グループホーム」「特別養護老人ホーム（特養）」「介護付き有料老人ホーム」があり、自宅と同じように介護サービスを自分で入れながら暮らす高齢者住宅としては、「住宅型有料老人ホーム」と「サービス付き高齢者向け住宅（サ高住）」があります。

環境の変化にうまく適応できないことが多い認知症の人に特化しているのが、「なじみの関係」を生かした「グループホーム」です。最大9人を1ユニットにした少人数の認知症の人が、家庭的な雰囲気のなかで共同生活をし、認知症ケアの専門職員が、料理や家事などを一緒に行うことを通して、まだまだある本人のちからを引き出すことを特徴としています。入居基準は65歳以上で要介護1以上の人と、要支援1以上の若年性認知症の人。地域密着型のため、入居は施設のある市区町村の住民に限定されています。最近では看取りまでする施設も増えてきましたが、看護師の配置が義務付けられていないため、入院など重い医療が必要になると退去を求められるところもあり、どんな状態まで住むことができるかは、事業所によってまちまち。月額費用は15万～20万円程度です。

看取りまで行い、認知症の人の「終の住みか」となりうる「特別養護老人ホーム（特養）」には、小規模特養と呼ばれる29人以下の地域密着型と、30〜100人近くが暮らす広域型の大型特養があります。従来型では4人部屋も多く、施設全体で介護を行っていましたが、現在では10人程度を1単位とした「ユニット型」が主流です。入居目安は要介護3ですが、認知症の場合は要介護1〜2でも受け入れることもあります。

特養は公的施設とあって費用が安いのが利点でしたが、ユニット型に2割負担で入るとグループホーム並みの費用が必要となるなど、予算のハードルが高くなってきました。いっぽう入居待機者については、入居基準が原則として要介護3以上になったことで、減少傾向にあります。看護師は日中はいますが、夜間は義務付けられていないため、夜間の痰《たん》吸引など医療依存度の高い人の受け入れをしない施設もあります。看取り希望者を受け入れない施設もありますので、事前のチェックが必要です。

グループホームや特養と同じように、24時間スタッフが常駐し、身の回りの世話を含む介護が受けられるのが、基準を満たして自治体の認可を受けた「介護型有料老人ホーム」です。運営するのは民間企業が主で、基準を満たしていればどんな体制でも可能なため、人員体制やサービス内容、居室や設備のグレード、立地など、ホームによって大きく料金が異なります。

入居金は0円から数億円まで。厚生労働省によると月額平均利用料は22万円とされていますが、これにおむつ代をはじめ、生活実費が加算されます。入居条件も介護認定のない人から要介護5までとホームによってさまざまで、ケアの内容も大きく異なるので、見学を含む事前チェックは特養以上に必要です。日中は看護師が常駐しますが、夜間は義務付けられていないため、医療対応にも大きな格差があります。

認知症の人が暮らせる住まいには「サービス付き高齢者向け住宅（サ高住）」と「住宅型有料老人ホーム」もあります。サ高住の『サービス』は、「見守りと生活相談」だけなので、見守り付きマンションといったほうがわかりやすいでしょう。「住宅型有料老人ホーム」では、これに加えてレクリエーションを提供するところもあります。

サ高住と住宅型有料老人ホームは、介護保険では自宅と同じ「居宅」というカテゴリーなので、介護が必要な人にはヘルパーが訪問介護で入り、デイサービスなどに通います。

そして、自宅と同じように介護保険サービスにかかるお金は自分で払うことになります。介護保険サービスの内容や事業所は利用者が選ぶのが基本ですが、サ高住では自社の併設の介護事業所やデイサービスなどの利用を入居の条件にしたり、過剰なサービスを勧めたりする、いわゆる「囲い込み」問題があとをたちません。このため、国は積極的な「実地指導」を自治体に要請しています。

サ高住に入居できるのは60歳から。自立の状態から入ることができるため、当初は介護レベルの低い人が対象とされましたが、最近では重度の認知症の人が増え、夜間は職員がいない施設もあるためさまざまな問題が起きています。

この2つにはサ高住が国土交通省、住宅型有料老人ホームが厚生労働省というだけでちがいはほとんどなく、食事を提供する場合は有料老人ホームのカテゴリーに入るといった、あいまいな規定があるだけです。費用は双方ともピンキリですが、サ高住の目安は家賃＋共益費＋水道光熱費＋サービス支援費＋食費で13万～24万円程度。住宅型有料老人ホームでは上限が少し高めになり、入居金が0円から数千万円かかることがあります。

第4章
認知症になる前に知っておきたいお金と法律の話

高齢者の財産管理と相続について知っておいてほしいこと

この章からは、認知症になる前に知っておいてほしいお金と法律の話をお伝えします。
まず、民法に次のような条文があることをご存じでしょうか。

> （民法第3条の2）
> 法律行為の当事者が意思表示をした時に意思能力を有しなかったときは、その法律行為は、無効とする。

つまり、認知症の症状のある人が当事者として行った法律行為（契約や遺言など）は、意思能力がなかったとみなされ、契約が無効になってしまう場合があるということです。

まずは、「判断能力があってこそ可能な相続対策」をお伝えしていきましょう。

相続が発生すると、相続の手続きをしていくことになりますが、誰が相続人になるのか、どんな割合で相続するのかについては、①遺言、②遺産分割協議、③法定相続の順で決まります。

遺言書がある場合は、遺言書の内容に従って相続することが優先されます。遺言書がない場合は、相続人全員で話し合いをして、誰がどれだけ相続するかを決めます。これが遺産分割協議です。遺産分割協議すらしない場合は、法律で決められた割合（法定相続割合）で相続することになります。法定相続の割合に従って相続をする場合は、117ページ上の図表の割合になります。

相続税がかかるかどうかは、相続発生時の故人の財産総額が「基礎控除額」を超えるかどうかで判断します。基礎控除額より、相続する財産の価額が少なければ相続税はかかりません。この基礎控除額が2015年より引き下げられ、いわゆる資産家でなくとも相続税がかかることが以前よりも増えました。

ご自身の関係する相続で相続税が課税されるか否かは117ページの下の図からおおまかに計算することができます。

なお、実際に相続税を計算するときは、小規模宅地等の特例（土地の評価額を最大8割減できる）や、配偶者が相続した場合の控除（1億6000万円または法定相続分までは非課税）などを使うことによって相続税がかからなくなるケースが多いので、全体の財産額をざっくり計算したうえで、基礎控除を超える場合は、どのように引き継ぐと税金が安くなるのかを税理士等に相談するとよいでしょう。

不動産の場合は計算方法が特殊です。建物の評価額は固定資産税評価額（固定資産税の納付書または評価証明書に記載されています）と同じ。土地の評価額の計算方法は、路線価方式（路線価が定められている地域）と、倍率方式（路線価が定められていない地域）があり、路線価と倍率表は計算方法とあわせて国税庁のホームページで確認できます。

一般的に、実勢価格（市場価格）を100とすると、固定資産税評価額は70、相続税評価額は80といわれているため、相続税がかかるかどうかをおおまかに知りたいだけなら、固定資産税評価額÷0.7×0.8で概算を算出できるとされています(あくまでも概算です)。借地・借家の場合や事業用の土地など別途調整が必要となるケースも多いため、正確に相続税の予想額を知りたい場合は、資産税に強い税理士にご相談ください。

法定相続する場合の相続人と相続する割合

法定相続人の状況		法定相続分：配偶者	法定相続分：子	法定相続分：直系尊属（父母等）	法定相続分：兄弟姉妹
第1順位	配偶者と子が相続する	1/2	1/2		
第1順位	配偶者がいない場合は子のみが相続人となる		1		
第2順位	子がいない場合は配偶者と直系尊属が相続人となる	2/3		1/3	
第2順位	配偶者と子がいない場合は直系尊属のみが相続人となる			1	
第3順位	子、直系尊属がいない場合は配偶者と兄弟姉妹が相続人となる	3/4			1/4
第3順位	配偶者、子、直系尊属がいない場合は、兄弟姉妹のみが相続人となる				1
子、直系尊属、兄弟姉妹がいない場合は配偶者のみが相続する		1			

配偶者は常に相続人となり、配偶者以外の下記の人は、次の順序で配偶者と一緒に相続人になります。

①第１順位は子。子がすでに亡くなっている場合は、亡くなった人により近い世代の直系卑属（子、子がいなければ孫等）。

②第１順位の人がいないときは、第２順位の父母。父母がすでに亡くなっている場合は、亡くなった人により近い世代の直系尊属（祖父母等）。

③第１順位の人も第２順位の人もいないときは、第３順位の兄弟姉妹。兄弟姉妹がすでに死亡しているときは、その兄弟姉妹の子（亡くなった人の甥や姪）

相続放棄をした人は、最初から相続人でなかったものとされます。

父母のどちらかが違う兄弟姉妹は、父母が同じ兄弟姉妹の相続分の２分の１となります。

相続税の基礎控除

【基礎控除額＝3000万円＋（法定相続人の人数×600万円）】

法定相続人	基礎控除額
１人	3600万円
２人	4200万円
３人	4800万円
４人	5400万円
５人	6000万円
⋮	⋮

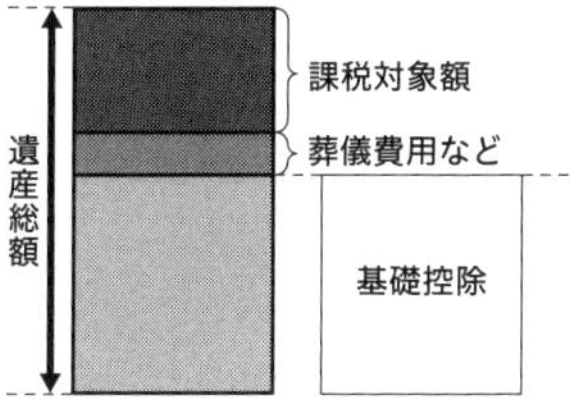

相続対策その① 生前贈与

生前贈与とは、生きているうちに財産を誰かにあげることです。ご自身が生きているうちに財産を次世代へ引き継いでおきたい人、相続税を計画的に減らしていきたい人などが利用しています。

贈与は「贈与契約」という法律行為なので、判断能力が低下したら困難になります。つまり、認知症になってからの贈与は無効となる可能性があります。

元気なうちに財産を贈与しておくという方法は、相続税対策とあわせて認知症対策としても有効な選択肢のひとつといえます。

ただし、贈与した額によっては贈与税がかかってしまいます（贈与税が発生する場合、その贈与税を支払うのは、「財産をもらった人」です）。相続が発生したときにかかる相続税額と比較しながら、メリットがあるかどうかを考えて行うとよいでしょう。

生前贈与は長期的に計画を立てて取り組むことにより、相続税を節税する効果があります。生前贈与の非課税枠として代表的なものは、次ページの６つです。

110万円までは贈与税がかからないことから、毎年110万円を超えない範囲で贈与をする（暦年贈与）というのはよく聞く方法かと思います。

暦年贈与を検討する場合、相続発生後に、贈与された財産について「実質的には故人の財産ですよね」という指摘を税務署から受けないようにすることが大切です。

ですから、課税されない範囲で暦年贈与をするときには、①毎回贈与契約書を作成する、②送金は振り込みで行う（証拠を残す）、③もらった人がそのお金を自由に使える状態にしておくなど、「贈与をした」事実をわかりやすくしておくとよいとされています。

生前贈与（非課税枠）の代表的な利用法（2021年8月現在）

①「暦年課税」基礎控除

1月1日から12月31日までの1年間に贈与を受けた合計額が110万円までは非課税。超えた場合は、超えた部分に対して、その額に応じた税率（次ページ）が課税される。

②住宅取得資金贈与の非課税（2021年12月31日まで）

父母や祖父母などから受けた自宅の新築、取得、増改築等のための金銭の贈与は一定額が非課税（契約年月日と省エネ等住宅かその他の住宅かにより非課税額が異なる）。

③教育資金一括贈与の非課税（2023年3月31日まで）

30歳未満の人が、祖父母などから教育資金の贈与を受けた場合、1500万円まで非課税。信託銀行などに教育資金信託専用口座を開設して行う。

④結婚・子育て資金一括贈与の非課税（2023年3月31日まで）

20※～50歳未満の人が、父母や祖父母から、結婚や子育てに使う資金の贈与を受けた場合、1000万円まで非課税。

⑤贈与税の配偶者控除

婚姻期間が20年以上であれば居住用不動産の贈与に際し、基礎控除110万円のほかに最高2000万円まで非課税。

⑥相続時精算課税の特例

贈与する親が60歳以上で、贈与を受ける子か孫が20※歳以上であれば、贈与額が2500万円までは非課税。超えた額には一律20％課税。相続が発生すると、非課税だった分も相続財産として合算して相続税が計算される。

※20歳→2022年4月1日以降は18歳

詳細は国税庁HPを参照してください。

暦年課税による贈与税の税率

■ 一般税率(一般贈与財産用)

基礎控除後の課税価格	税　率	控除額
200万円以下	10%	−
300万円以下	15%	10万円
400万円以下	20%	25万円
600万円以下	30%	65万円
1,000万円以下	40%	125万円
1,500万円以下	45%	175万円
3,000万円以下	50%	250万円
3,000万円超	55%	400万円

■ 特例税率(特例贈与財産用)

基礎控除後の課税価格	税　率	控除額
200万円以下	10%	−
400万円以下	15%	10万円
600万円以下	20%	30万円
1,000万円以下	30%	90万円
1,500万円以下	40%	190万円
3,000万円以下	45%	265万円
4,500万円以下	50%	415万円
4,500万円超	55%	640万円

出典:国税庁ホームページより作成

一般税率は、特例贈与に該当しない贈与、例えば夫婦間の贈与や親から20歳未満の子への贈与の場合に適用されます。

特例税率は、直系尊属（祖父母や父母など）からその年の１月１日に20歳以上の直系卑属（子や孫など）への贈与（これを「特例贈与」といいます）の場合、例えば父から20歳以上の子に贈与した場合や祖父から20歳以上の孫に贈与した場合などに適用されます。

※20歳→2022年４月１日以降は18歳

生前贈与の落とし穴

生前贈与は、次の３つの点に注意が必要です。

①土地や建物を贈与すると、登録免許税（不動産の名義を変更する登記をするときに納める税金）や不動産取得税（不動産を取得した人に都道府県が課税する税金）がかかります。

②所有権が確定的にあげた人へ移るため、後日、「やっぱり白紙にしてください」というわけにいきません。

③相続時点から3年以内の贈与は原則として相続税の課税対象になります（贈与税の配偶者控除、住宅取得等資金贈与の非課税などは相続財産として加算する必要はありません）。相続が発生しそうなぎりぎりのタイミングで生前贈与してもうまく機能しない場合

があるので、相続税が多くかかりそうな家庭は、資産税に詳しい税理士に相談しながら、早めに計画的に取り組むことをおすすめします。

生前贈与は、当事者の一方が、自分の財産を無償で相手に与える意思を表し、相手が受け入れることによってその効力を生ずる契約（民法第549条）です。契約は意思表示ができる状態でないと成立しないため、認知症になった場合は、原則として、贈与をすることができなくなります。

たとえ成年後見人をつけたとしても、「単純に本人の財産を減らす行為」に当たるため、贈与することができなくなります。成年後見人は、「本人」の財産を守る立場の人。相続税を減らすための贈与は相続人のためであり、本人のための行為ではないと判断されるのです。

相続対策その② 遺言

遺言とは、被相続人（亡くなった人）の最終の意思表示のことで、法律に定められた形式で遺す必要があります。遺言の種類は3つ。自筆証書遺言、公正証書遺言、秘密証書遺言が民法に定められています。それぞれのメリットとデメリットは129ページのとおりです。

次に当てはまる方は、遺言を書いておいたほうがいいでしょう。なぜなら、遺言がないと相続手続きが煩雑になったり、いわゆる「争続」になる可能性が高いからです。

・子どもがいない
・再婚しており、前配偶者との間に子どもがいる
・孫やお世話になった人など、推定相続人以外に財産を遺したい人がいる
・寄付（社会貢献）がしたい

遺言で実現できること、できないことは、次のとおりです。

◇遺言で実現できることの代表例

①相続分の指定およびその委託

「妻Aに遺産の10分の5、長男Bに10分の3、長女Cに10分の2を相続させる」というように、相続する割合を指定することです。

②遺産分割の方法の指定およびその委託

「財産目録①の土地は長男Aに相続させる。財産目録②の預貯金は、次男Bと長女Cに等分にて相続させる」というように、財産の分割方法を指定できます。

③遺産分割の禁止

死後最大5年間は遺産分割をすることを禁止できます。例えば、相続人が成人するのを待ってから分割してほしい場合などに禁止するケースが考えられます。

④相続人の廃除または排除の取消

相続人の廃除とは、その人の相続権を奪うことで、**⑦遺言執行者**が裁判所で手続きをします。廃除されると、遺留分《いりゅうぶん》を請求する権利も奪うため、被相続人への虐待や重大な侮辱、著しい非行があった場合など、条件に当てはまる場合にのみ認められることになります。相続人の排除は遺言執行者が行う必要があるので、**⑦遺言執行者**もセットで定めておきます。

⑤遺贈《いぞう》

相続人ではない人に財産を無償であげる行為です。お世話になった方や、団体、自治体、大学などへの遺贈、孫への遺贈など、多く利用されています。

⑥子の認知

本人が死亡した後に認知する方法です。もめごとの原因にもなりかねないので慎重に記載する必要があるでしょう。子の認知は遺言執行者が行う必要があるので、**⑦遺言執行者**もセットで定めておきます。

⑦遺言執行者の指定およびその委託

遺言に書いた内容を実行する人を遺言執行者といいます。弁護士や司法書士などの法律家に頼んでもいいですし、専門家ではない人（相続人など）を指定することもできます。どのような内容の遺言でも、遺言執行者を決めておいたほうが亡くなった後の手続きが簡単でスムーズになります。

⑧祭祀《さいし》承継者の指定

お墓、仏壇などの先祖を祭る財産を「祭祀《さいし》財産」といい、相続税のかからない遺産のひとつです。これらを引き継ぐ人を指定することができます。

⑨配偶者居住権の設定

配偶者居住権（2020年4月1日適用開始）とは、残された配偶者が、被相続人の死亡時に住んでいた建物を、亡くなるまでまたは一定の期間、無償で使用することができる権利です。例えば、後妻との間に子どものない人が、「自宅を長男に相続させ、自宅建物の配偶者居住権を妻（後妻）に遺贈する」という内容の遺言を作成することで、後妻の居住権を守りつつ、後妻亡き後に、財産が後妻の兄弟姉妹へ相続されるのを防ぐ、というケースが考えられます。配偶者居住権は、遺言で設定する場合は2020年4月1日以降に作成された遺言のみ、（遺産分割で設定する場合は2020年4月1日以降に亡くなった人についてのみ）有効です。

◇遺言では実現できないことの代表例

①結婚や離婚に関すること

遺言書で結婚や離婚をすることは認められていません。

②養子縁組に関すること

遺言書で養子縁組をすることは認められていません。

③生前のお金の使い道に関すること

「自分が生きている間は、妻のためにお金を使ってください」という文言を書くのは自由ですが（遺族が叶えてくれる可能性はあります）、法的効力はありません。生前のお金の使い道を指示したい場合は、家族信託（190ページ）が適しています。

④次の相続に関する遺言

「長男Aに不動産を相続させる。その後、長男が死亡した場合には、その不動産を孫である太郎に相続させる」と希望を記載しても、二次相続に関する内容については法的な効力がありません。次の相続に関する財産の行方まで決めておきたい場合は、家族信託（190ページ）が適しています。

遺言の種類とそれぞれのメリット・デメリット

	①自筆証書遺言	②公正証書遺言	③秘密証書遺言
作成方法	遺言の本文・氏名・日付を自書し、押印する(財産目録については自書以外の方法でもOK)	本人と証人2名で公証役場へ行き、本人が遺言内容を口述し、それを公証人が記述する	署名捺印後、封筒に入れ封印。公証役場で証明してもらう(署名以外はパソコンOK)
証人(立ち会う人)	不要	必要(2名)	必要(2名)
保管方法	遺言者が保管 or 法務局に保管	公証役場で保管	遺言者が保管
裁判所での検認	遺言者が保管 →必要 法務局に保管 →不要	不要	必要
メリット	・費用がかからない(または安い) ・遺言内容を秘密にできる ・すぐ書ける	・法的に有効な遺言が確実に作成できる ・紛失の恐れが低い	・遺言内容を秘密にできる
デメリット	遺言者が保管 →・無効になる恐れあり ・本物かどうか証明できない ・紛失・盗難の恐れあり 法務局に保管 →・内容のチェックがない	・費用がかかる	・費用がかかる ・無効になる恐れあり ・紛失・盗難の恐れあり ・内容のチェックがない

コラム

どの遺言が有効？

次のそれぞれのケースにおいて、どれが有効な遺言でしょうか？

①自筆証書遺言で作成したが、1年後に公正証書遺言で内容を変更した。

②公正証書遺言で作成したが、1年後に自筆証書遺言で内容を変更した。

③預貯金は子どもたちに均等に相続させ、実家は長男に相続させる内容の遺言を作成したが、その後、実家を次男に生前贈与した。

④相続人になる子が3人いるが、そのうちのひとりには何も遺さない内容の遺言を作成した。

答えは次のとおりです。

①1年後に作成した公正証書遺言が有効。

②1年後に作成した自筆証書遺言が有効。

③状況が変わってしまった実家以外の部分はすべて有効（遺言と抵触する部分だけ撤回したとみなされる。民法第1023条）。

④遺留分（135ページ）を侵害していたとしても遺言書自体は有効（遺留分を侵害された人は、侵害している相手に対して、遺留分侵害額を交渉・調停・訴訟などで請求しないと主張できません）。

自筆証書遺言であろうと公正証書遺言であろうと、「書いた日付が重要」だということを覚えておきましょう。

ノートの切れ端に書いた遺言は有効なのか

実際にあった事例をご紹介しましょう。

亡くなった一郎さん（仮名）には子どもがなく、両親もすでに他界していたので、法定相続人は兄弟姉妹と甥と姪でした。相続人のうち、故人と親しくしていたのは弟の次郎さん（仮名）ひとりだけで、他の相続人全員とは疎遠になっていたというケースです。

一郎さんは生前、ノートの1ページを切り離した紙に、「すべての財産を弟次郎へ相続させます。」という文言と日付を記載し、署名・押印をして遺していました。封筒にも入っておらず、そのままの状態です。果たしてこのメモ書きは遺言書として有効なのでしょうか。

遺言書は封筒に入れて封をしておかなければならないようなイメージがありますが、実は自筆証書遺言は封筒に入っていなくてもよいのです。封筒に入っている場合は、家庭裁判所の「検認」という手続きで開封する必要があり、勝手に開けてしまうと5万円以下の過料になりますのでご注意ください。

この事例では、家庭裁判所で検認の手続きをして、法務局と銀行に提出したところ、正式な遺言として扱われ、すべて弟の次郎さんへ相続させることができました。たまたま発見されたからよかったものの、もしもあのノートが見つからなかったら、相続人全員での話し合いは実現が難しく、一歩も進めなくなる可能性のあるケースでした。

●検認とは

「検認」とは、相続人に対し自筆証書遺言の存在やその内容を知らせるとともに、検認の日時点における遺言書の内容を明確にし、遺言の偽造・変造を防止するための手続きです。遺言者の最後の住所地の家庭裁判所に申立てをし、指定された日に相続人（全員でなくてもよい）が家庭裁判所に集まり、裁判官が開封して検認します。

検認が終わると遺言書に証明書が付けられます。この証明書が付いていないと、金融機関や法務局等で、相続した財産の名義を移転するなどの手続きが行えないため、自筆証書遺言での相続においてとても大切な手続きのひとつなのです。

遺言作成の7つのポイント

ここで、遺言書を作成する際のポイントを確認しておきましょう。このポイントはすべての形式の遺言書において共通するものです。

①判断能力があるうちに作成する

原則として、認知症等で判断能力が低下した後は作成が難しいです。逆に、判断能力さえあれば寝たきりの状態などでも作成可能です。公正証書遺言であれば病院や自宅まで公証人に来てもらって作成することができます（成年後見人がついた人でも遺言を作成できますが（民法第973条）、医師2名の立ち会いのもと、一時的に判断能力が回復していること、という条件があります）。

②作成したことを最低でもひとりには伝えておく

どの形式の遺言書でも、作成したことを誰も知らないと見つけてもらえない可能性があります。見つけてもらえなければ意味がありません（ただし、公正証書遺言を作成した場合は、死亡後に全国の公証役場で遺言の有無を調査してもらえます。また、自筆証書遺言を作成し、法務局の保管制度（138ページ）を利用した場合は、遺言者の死亡後、法務局で遺言の有無を調査してもらえます）。

③遺言執行者を決めておく

遺言執行者とは、遺言の内容を実現する人のことです。受遺者（財産をもらう人）が遺言執行者になってもいいですし、司法書士や弁護士（法人含む）など、遺言作成にかかわった専門家に頼んでおくのも安心材料のひとつです。遺言執行者が決まっている場合は、相続が発生したら、その遺言執行者単独の印鑑で手続きを進めることができます。遺言執行者を決めていなくても遺言自体は有効ですが、決めておいたほうが、相続手続きの手間や時間が少なくて済みます。

④遺留分について知っておく

遺留分とは、法律上、最低限度の相続割合を保証される相続分のことです。直系尊属（父母や祖父母）のみが相続人である場合には、相続財産の3分の1、直系尊属以外に相続人（配偶者や子）がいる場合には相続財産の2分の1が遺留分の対象になります。兄弟姉妹が相続人になるケース（子どもがいない人など）では、その兄弟姉妹には遺留分はありません。

遺留分が自動的に遺言書の内容に影響するという意味ではありません。遺留分を主張したい相続人は、相続発生後に、話し合いや裁判所を通じて遺留分侵害額を主張していく必要があるからです。せっかく遺言を書いても、相続人同士で争うことになるのは避けたい、という気持ちがあるのであれば、財産をあげたくない相続人がいても遺留分だけは確保しておくほうがいいかもしれません。なお、遺留分侵害額請求権は時効（相続開始および遺留分を侵害されたことを知ってから1年、または相続開始から10年）があります。

⑤相続税がかかる場合は、税理士にも相談して作成する

相続税の基礎控除については前述しました。相続税がかかりそうな場合は、二次相続（自

分の死後、配偶者が亡くなったときなど、二次的な相続のこと）のときの相続税の負担なども考えながら遺言を作成すると、相続税対策としても効果があります。

⑥付言事項で家族への気持ちをしたためる

付言事項とは、「家族へのお手紙」の部分です。法的な拘束力はないけれど家族への気持ちを知ってもらうために、本文の前や後に入れることをおすすめします。例えば、「お姉ちゃんには学生時代にたくさん援助したから、妹に多めに遺すことにしました」「家族3人で末永く仲良く暮らしてください」など、なぜ遺言を書いたのか、どんな気持ちで書いたのか、ということです。この付言事項があると遺族の納得感がずいぶん違うのです。

⑦家族と事前に話し合いをしておく（ケースによる）

家族に内緒で遺言を作成することはもちろん可能ですが、開けてびっくり！な内容だと「争続」になりやすいのです。判断能力が低下したときの財産管理方法とあわせて、最終的に財産をどうするかを伝えておけば、争いになる確率が下がる場合があります。

自筆証書遺言のつくり方

自分で作成する遺言書（自筆証書遺言）について、法律の改正がありました。

まず、2019年1月13日から、自筆証書遺言が作成しやすくなりました。それまではすべての文書を自筆しなければ無効とされていましたが、財産目録にあたる部分は、代筆、印字、登記簿謄本のコピー、通帳のコピーなどを合体する方法でもOKとされたのです。

ただし本文である「誰に何をあげます」の部分は、やはり自筆でないと効力がありません。ですから、身体的な事情で自筆で書けない人は公正証書遺言がおすすめです。

財産を特定せず、「すべての財産を○○へ相続させます」という書き方（包括的な相続、または遺贈）であれば財産目録自体が不要です。

次に、2020年7月10日より、自筆証書遺言を法務局で保管する制度（自筆証書遺言書保管制度）が始まりました。法務局での保管を申請する手続きは、遺言者本人が法務局に出頭しなければなりません。法務局で「形式的な審査」を受け、保管年数に関係なく、遺言書1通につき3900円の費用で保管してもらえます。2020年7月10日より前に書いた自筆証書遺言でも形式に不備がなければ保管してもらえます。

法務局の保管制度を利用した場合、相続が発生した後は、相続人等の関係者に限り、最寄りの法務局に対し、自筆証書遺言が保管されているかどうかの調査をすることができます。また、形式的審査が済んでいるので、相続発生後の家庭裁判所での「検認」手続き（132ページ）が不要になります。

注意していただきたい点は、法務局の審査はあくまでも形式的審査（日付漏れ等がないかなど）であり、遺言内容の審査は行われないということです。遺言の内容そのものについては遺言を書く人自身が注意する必要があります。

自筆証書遺言書保管制度の概要

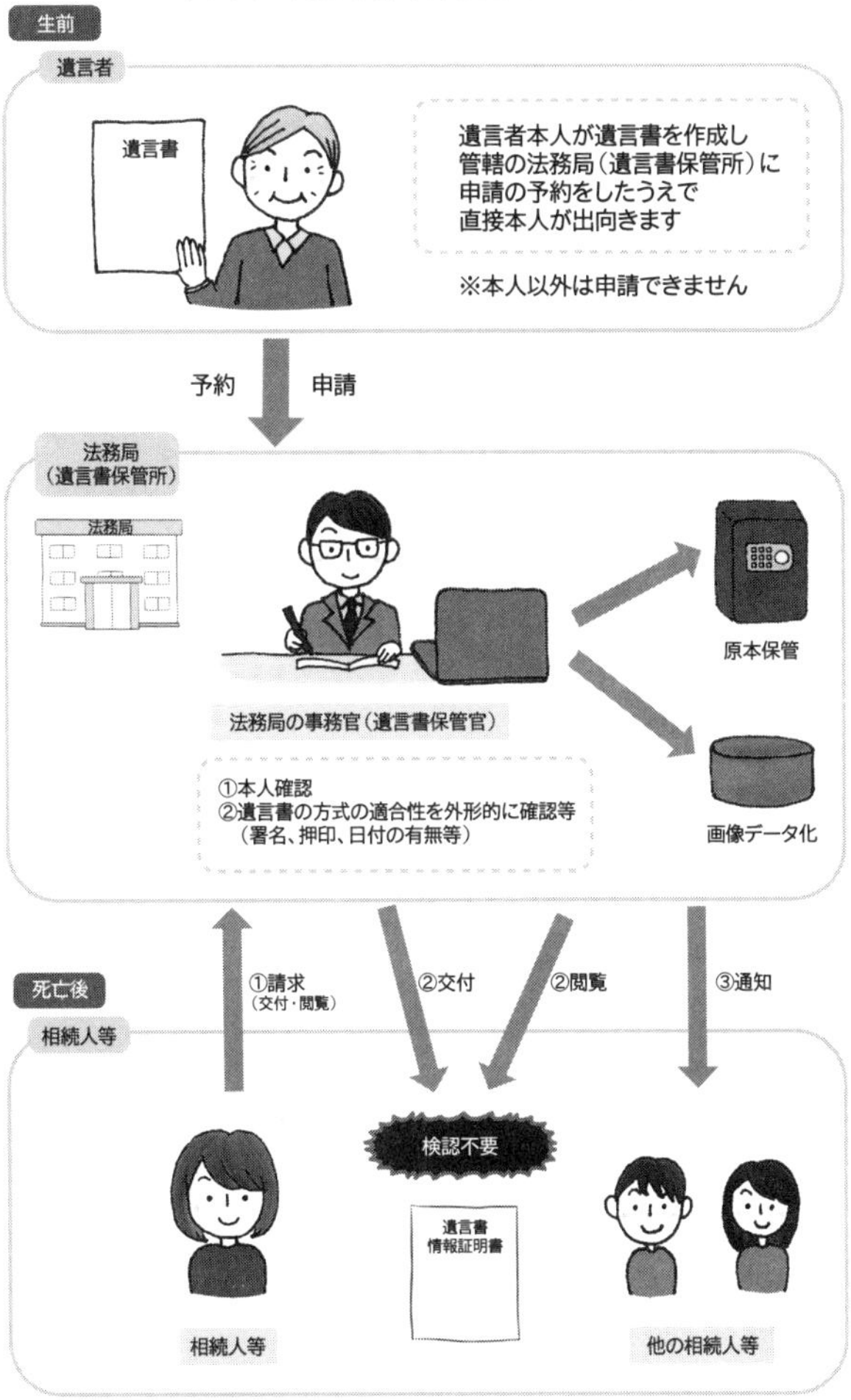

出典：東京法務局「自筆証書遺言書保管制度」について　を参考に作成

手書きの遺言書（自筆証書遺言書）の作成例

遺　言　書

1　私は、私の所有する別紙目録①②の不動産を、長男青森一郎（昭和50年5月5日生）に相続させる。

2　私は、私の所有する別紙目録③～⑤の預貯金を、妻青森はな子（昭和25年2月2日生）、次男青森二郎（昭和52年12月12日生）及び長女秋田美子（昭和54年4月4日生）に3分の1ずつ相続させる。

3　私は、この遺言の執行者として次の者を指定する。

住　　所　東京都武蔵市岸祥寺本町六丁目1番3号

氏　　名　青森一郎

生年月日　昭和50年5月5日生

令和3年3月3日

住所　東京都武蔵市岸祥寺北町七丁目6番6号

氏名　青森　五郎　（青森）

本文（財産目録以外）は自筆で書き、署名捺印をします。

自筆証書遺言書保管制度を利用する場合は、用紙はA4サイズ、左部20mm以上、上部と右部に5mm以上、下部10mm以上の余白を設けます。裏面には何も記載しません。

何ページ中の何ページめかわかるように番号を入れます。　1/4

手書きの遺言書につける財産目録の例（不動産）

別紙目録①

土地

武蔵市岸祥寺北町七丁目１０１　　　　全部事項証明書　（建物）

表題部（主である建物の表示）	調整	余白	不動産番号	1234567890123
所在図番号	余白			
所在	武蔵市岸祥寺北町七丁目　１０１番地		余白	
家屋番号	１０１番		余白	
① 種類	② 構造	③ 床面積 ㎡	原因及びその日付〔登記の日付〕	
居宅	木造かわらぶき２階建	１階　８０：００ ２階　７０：００	平成２０年１１月１日新築 〔平成２０年１１月１２日〕	

表題部（附属建物の表示）				
符号	① 種類	② 構造	③ 床面積 ㎡	原因及びその日付〔登記の日付〕
1	物置	木造かわらぶき平屋建	３０：００	〔平成２０年１１月１２日〕
所有者	武蔵市岸祥寺北町七丁目６番６号　青森五郎			

権利部（甲区）（所有権に関する事項）			
順位番号	登記の目的	受付年月日・受付番号	権利者その他の事項
1	所有権保存	平成２０年１１月２０日 第１２３号	所有者　武蔵市岸祥寺北町七丁目６番６号 青森五郎

権利部（乙区）（所有権以外の権利に関する事項）			
順位番号	登記の目的	受付年月日・受付番号	権利者その他の事項
1	抵当権設定	平成２０年１１月２０日 第１２４号	原因　平成２０年１１月２０日金銭消費貸借同日設定 債権額　金４，０００万円 利息　年２・６０％（年３６５日日割計算） 損害金　年１４・５％（年３６５日日割計算） 債務者　武蔵市岸祥寺北町七丁目６番６号 青森五郎 抵当権者　武蔵市岸祥寺南町七丁目１番１号 株式会社みつば銀行 （取扱店　岸祥寺支店） 共同担保　目録(あ)第１２３４号

共同担保目録			
記号及び番号	(あ)第１２３４号	調整	平成２０年１１月２０日
番号	担保の目的である権利の表示	順位番号	予備
1	武蔵市岸祥寺北町七丁目 １０１番の土地	1	余白
2	武蔵市岸祥寺北町七丁目 １０１番地　家屋番号１０１番の建物	1	余白

青森　五郎　（青森）

＊　下線のあるものは抹消事項であることを示す。　　　整理番号　D12345(2/2)1/2

登記事項証明書（登記簿謄本）のコピーを財産目録とすることも可能です。この場合は自筆で署名し、捺印をします。

2/4

3/4

手書きの遺言書につける財産目録の例（預貯金）

別紙目録　③④⑤

預貯金

③　みつば銀行　本店　普通預金
　　口座番号　　１２３４５６７

④　みつば銀行　江戸支店　普通預金
　　口座番号　　３２１０９８７

⑤　快晴銀行　水玉支店　普通預金
　　口座番号　　２４６８０１３

青森　五郎　㊞

財産目録を作成するときはパソコンなどで作成して印刷したものや通帳のコピーを添付しても有効です。この場合も自筆で署名し、捺印をします。

4/4

公正証書遺言のつくり方

公正証書遺言は、文字が書けない人、目が不自由な人、耳が不自由な人でもつくることができます。作成方法としては、①自分で文案を作成し、最寄りの公証役場（居住している都道府県内の公証役場ならどこでも）へ直接問い合わせる方法と、②司法書士・行政書士・弁護士等に依頼をし、文案の作成と公証役場との日程調整などをお願いする方法があります。

文案が完成したら、公証役場の日程予約をとります。証人2名の立ち会いのもと、公証人が文章を読み上げ（耳が不自由な人の場合は筆談）、内容に間違いがなければ遺言者と証人2名が署名捺印して完成です。未成年者、推定相続人、受遺者など一定の関係者は証人にはなれません。証人を頼める人がいない場合は公証役場が有料（1名につき6000円程度）で手配してくれます。

公正証書遺言は、通常「原本」「正本」「謄本」の3通が作成されます。原本は遺言者、証人2名、公証人が署名押印したオリジナルの書面であり、公証役場に保管されます。正本、謄本ともに原本の写しですが、正本は原本と同じ効力、謄本は原本と同じ効力はないとされています。正本、謄本ともに相続手続きに利用しますが、正本でないと手続きができない金融機関等もあるようなので、遺言執行者を定めた場合は、遺言執行者に正本を渡しておくとよいでしょう。なお、正本、謄本は手数料を支払えば再発行してもらえます。

公証役場まで行くことが困難な場合は、病院や自宅へ出張してもらう方法があります。

遺言書作成の公証人手数料は次ページのとおりです。

財産の金額、財産を渡す人の人数などによって加算されるので、正確な金額は公証人に見積もりを依頼して確認しましょう。

公正証書遺言を作成するときの公証人手数料

（公証人手数料令第９条別表）

目的の価額	手数料
100万円以下	5,000円
100万円を超え200万円以下	7,000円
200万円を超え500万円以下	11,000円
500万円を超え1000万円以下	17,000円
1000万円を超え3000万円以下	23,000円
3000万円を超え5000万円以下	29,000円
5000万円を超え１億円以下	43,000円
１億円を超え３億円以下	４万3,000円に超過額5000万円までごとに１万3,000円を加算した額
３億円を超え10億円以下	９万5,000円に超過額5000万円までごとに１万1,000円を加算した額
10億円を超える場合	24万9,000円に超過額5000万円までごとに8,000円を加算した額

手数料を算出する際の注意点

①財産の相続または遺贈を受ける人ごとにその財産の価額を算出して上記基準表に当てはめて、その価額に対応する手数料額を求め、これらの手数料額を合算して、当該遺言書全体の手数料を算出。

②全体の財産が１億円以下のときは、上記①によって算出された手数料額に１万1,000円が加算される（遺言加算）。

③遺言書の原本（公証役場で保管されるもの）の枚数が４枚（横書の証書では３枚）を超えるときは、超える１枚ごとに250円の手数料が加算される。遺言者に交付される正本と謄本についても、１枚交付するにつき250円の手数料が必要。

④公証人が遺言者のもとに出向いて公正証書を作成する場合には、①の手数料が50%加算され、公証人の日当と現地までの交通費がかかる。

出典：日本公証人連合会ホームページ

相続人ではない親族の貢献度（特別の寄与）が反映されるように

2019年7月1日から、相続人ではないけれども被相続人（亡くなった人）の介護を無償でしてきた人等に対しての貢献が、相続において考慮されることになりました（民法第1050条）。例えば、亡くなった人を息子さんの妻が介護していたケースなどです。相続法が改正される前までは、「特別の寄与」は相続人のみが主張できる権利でした。法律の改正により、相続人ではない親族※（赤の他人は含まれません）が〝無償〟で介護等の特別の寄与を行っていた場合は、特別寄与料を相続人に対して請求することができます。

特別寄与料は、相続が発生した後に相続人との話し合いで決めます。もしも話し合いでまとまらなければ裁判所の手続きにより決定することになるので、例えば介護などによる寄与をした人は介護日誌をつけて、時間がたってからでも詳細（かかった費用や時間なども）がわかるようにしておくことが賢明です。

とはいえ、現実的に考えて、相続人ではない人が他の相続人に対して特別寄与料を請求するというのはエネルギーがいる行動かもしれません。よって、介護等でお世話になった人にいくらかの財産を渡したい場合は、感謝の気持ちとして、遺言で「○○へ遺贈する」と記載しておけば、寄与をした人の負担が減るでしょう。

なお、特別寄与料を請求できる期間には時効があります。①特別寄与者が相続の開始および相続人を知ってから6か月、または②相続開始から1年経過すると請求できなくなるので、ご注意ください。

※親族とは、6親等内の血族、配偶者、3親等内の姻族をさします。例えば、子の配偶者、甥姪、配偶者の兄弟姉妹などは特別寄与者になりえます（ただし相続人になっている場合は除きます）。

相続対策その③　エンディングノート

エンディングノートとは、いざというときに、お墓の希望や延命治療の希望の有無、介護が必要になったときの希望などを書き留めておくノートです。役に立つかどうかの視点でいうと、「役に立つ点と役に立たない点がある」といえます。

役に立つ点としては、急に倒れてしまったときはどのような治療の選択をするのか、介護の方針はどうしたらいいか、葬儀をどうするかといった決断を家族が迫られた際に、エンディングノートに本人の意向が書いてあれば、決断をする側の家族の精神的な負担がかなり軽減されます。また、日常生活においても、もの忘れで連絡先、預貯金口座などの詳細を調べるのに時間がかかることを避けられるという利点があるでしょう。

役に立たない点としては、「法的拘束力がない」ということに尽きます。「住んでいる家を長男に譲りたい」とか「財産は子どもたちで均等に分けてほしい」という気持ちや希望を書いておいたとしても、財産の承継部分については遺言書に書かないと法律上の効力が発生しないのです。

これらの点を踏まえたうえで、役に立つ点だけをいいとこ取りする気持ちで書かれてみてはいかがでしょうか。市販されているものもありますし、自治体や企業が無料配布しているものもありますので、遺言書の下書きのつもりで自由に書いてみるのがおすすめです。エンディングノートは、遺言と違って書き方のルールはありません。内容や形式にこだわらず、自由に書くことができます。書くときには次の3つのポイントを意識されるとよいでしょう。

①書ける部分から書く

最初から全部埋めようとすると手が止まることが多く、結局何も書けないということになりかねません。延命治療を希望するかなど、自分の意向が決まっている項目から書くとスムーズに書き進めることができます。

②キャッシュカードの暗証番号は書かない

お金の管理については、支店名と口座番号がわかれば十分なので、予期せぬ誰かに見られてしまっては困るような内容は書かないように注意しましょう。

③ノートの存在を知らせておく

遺言と同じで、せっかく書いても、存在を知らせておかないと家族が延命治療の判断を迫られたときなどに役に立ちません。わかりやすい場所に保管する、存在を家族に伝えておくなどしておきましょう。

実際にエンディングノートを家族にオープンにしながら書かれた人は、書き進めていくうちに相続に関しても考えがまとまり、エンディングノートに記載した家族への気持ちを「付言事項」として盛り込み、家族への思いがつまった遺言書を作成することができました。

相続対策その④　生命保険

生命保険の加入や見直しも、認知症になって判断能力が衰える前に、やっておきたいことのひとつです。

相続対策として生命保険を活用する場合、主に次の4つのパターンが考えられます。

●相続税を下げるための生命保険

相続税がかかりそうな家庭の場合、生命保険にまったく入っていない状態であれば、加入の検討をおすすめします。相続税の負担軽減策として、もっともシンプルな方法が生命保険の非課税枠の利用だからです。

生命保険は「契約者」(＝保険料の負担者)が、「被保険者」(＝その保険の対象となる人)に保険事故(＝死亡など保険金の支払事由に該当する事柄)が発生したときに、保険金が「保険金受取人」に支払われるというものです。

被相続人の死亡によって取得した保険金は受取人固有の財産となるため、相続財産ではないのですが、相続税の計算においては「みなし相続財産」として計算されます。

死亡保険金等には非課税枠があり、「500万円×法定相続人の数」が非課税限度額です。つまり、妻と子ども2人の計3人が法定相続人の場合、500万円×3人＝1500万円までが非課税限度額となります。

もしも、相続財産の総額が基礎控除額（117ページ）を超えている家庭で、1500万円を死亡保険金ではなく預貯金などの現金で相続した場合には、余分な相続税がかかります。相続税がかかりそうな家庭は、最低限、非課税限度額までは保険という形で財産を承継させるほうがお得ということになります。

ただし、相続税の非課税対象となるのは、受取人が相続人の場合のみです。保険の種類・当事者を正しく設定しないと非課税対象とならないので（孫を受取人にするのは一般的には相続税対策としてＮＧ）、詳しくは税理士などにご確認ください。

●相続を円滑にするための生命保険

例えば、相続人が長男と次男の2人、相続財産が実家の不動産と預貯金という家庭で、預貯金の額より価値の大きい実家を長男に継がせたいけれど平等にしたい場合。このようなケースでも、生命保険を活用して、円滑に相続を準備する方法があります。死亡保険金を長男が受け取り、実家を相続した代償として長男が次男へ支払いをするという方法です。このような方法を「代償分割」といいます。

代償分割の場合も、相続財産の額や生命保険の設計によっては、想定外の贈与税が発生する可能性があるので（各家庭によって事情が違うため）、検討する場合は税理士などにご確認ください。

●葬儀費用や相続税の資金準備のための生命保険

相続税を納めなければならない家庭にとって、相続財産が、現金やすぐに換金できる財産であれば問題ありませんが、相続財産のほとんどが土地建物という場合は、納税資金が用意できずに困ってしまう可能性があります。相続人を受取人にした生命保険に加入しておけば、受け取った死亡保険金で税金を支払うことができます。相続税の納税期限は被相続人が亡くなってから10か月以内なので、死亡直後に受け取ることのできる生命保険金で納税対策をしておけばスムーズです。死亡後すぐに必要となる葬儀費用についても、保険金で準備しておけば、預金口座が凍結していても慌てずに済みます。

●介護が必要になったときの資金調達のための生命保険

要介護状態になったときに保険金を受け取れる内容の生命保険も増えています。それぞれの家庭の資金状態を考えて検討しましょう。本人が保険金を請求できない事態に備えて、「指定請求代理人」を定める方法も知っておいてください。また、「リビング・ニーズ特約」といって、余命6か月以内と判断された場合に、本来は亡くなったときに支払われる死亡保険金の一部または全部を生前に受け取ることができる特約もあります。

生命保険にはさまざまな利用方法があります。また、無駄な保険に入ったまま放置しているものがないか、などをチェックするいい機会なので、生命保険の見直しも、認知症に備える準備のひとつとして行っておきましょう。

お金をかけずに今すぐできる対策は？

認知症になった場合に本人の財産が使えなくなるケースを防ぐ対策として、次のようなものがあります。第5章、第6章で紹介する任意後見や家族信託と違ってお金はほとんどかかりません。

①ほとんど出入りのない通帳やクレジットカードは解約して整理しておきましょう。どこにいくら入っているのか自分でも再確認できるとともに、死亡後の相続手続きの手間を大幅に減らすことができます。

②定期預金は本人でないと解約できないのが原則なので、あまりメリットのない定期預金ならば、凍結する可能性の少ない普通預金にしておいてもいいでしょう。

③ATMでの払い戻しも原則として本人の意思に基づかないとできませんが、本人同意のもと事前にキャッシュカードを共有しておけば、緊急時の本人用の出費に対応できます。

④代理人の届出に関しては、三菱ＵＦＪフィナンシャル・グループが２０２１年3月に始めた「予約型代理人サービス」が大きく報道されました。判断能力が低下した際、事前に指定された親族らが診断書を提出すると、代理人として預金の引き出しや金融商品の売却などができる仕組みです。各証券会社や金融機関ごとに、代理人届の仕組みを用意してある場合があるので、利用している金融機関が対応しているか、代理人の立場でどのようなことができるのかを確認しておきましょう。

⑤生命保険に関しては、各生保会社の「指定代理請求特約」を付けておけば、成年後見制度を利用することなく、指定代理請求人が病気や認知症の被保険者に代わってスムーズに保険金などを代理請求することができます。また、２０２１年7月1日にスタートした「生命保険契約照会制度」を利用すると、３０００円の利用料で、認知症になった家族がどこの保険に入っているのかを3親等内の家族が確認できます。

どの対策も、本人が元気なうちにしておくから効果があるものとなります。今すぐできることはないか、さっそく確認してみてください。

第5章

成年後見制度の賢い利用方法

成年後見制度は「最終手段」と心得る

成年後見制度とは、判断能力が不十分な人の代わりに、成年後見人・保佐人・補助人と呼ばれる代理人が、契約をしたり生活費の支払いをするなど、経済面・法律面をサポートする制度です。すでに判断能力が低下してしまった人が利用する「法定後見制度」と、あらかじめ元気なうちに、未来の成年後見人を契約で決めておく「任意後見制度」の２種類があり、２０００年にスタートした制度です。

法定後見制度は、判断能力の低下の程度によって、「後見」「保佐」「補助」の3種類があります（この章では、3種類をまとめて「後見等」と表記しています）。法定後見制度を利用する手続きは、本人の住民票上の住所地を管轄する家庭裁判所に申し立てて行います。

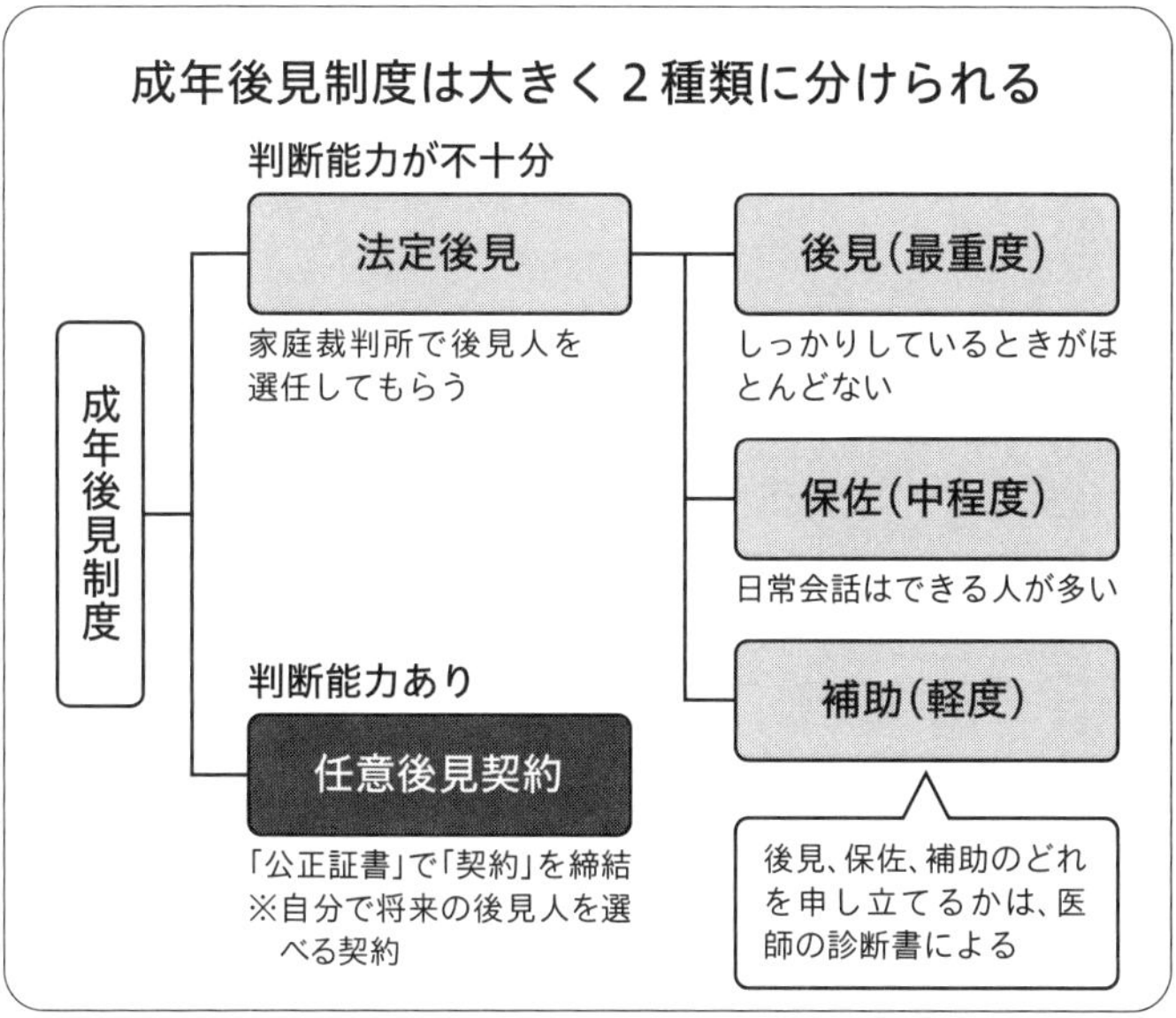

いっぽう、任意後見制度は、確実に「この人を将来の後見人にしてください」と決めておける点が法定後見制度との違いであり、認知症の備えとして「転ばぬ先の杖」ともよばれています。判断能力の程度による種類分けはありません。任意後見制度を利用する手続きは、公証人の立ち会いのもと、公正証書で将来後見人になってほしい人と契約を結ぶことで行います。公証役場は全国にありますので、行きやすい役場へ足を運ぶか、病院や自宅等へ出張してもらうことも可能です。

成年後見制度は注意点が7つ

成年後見制度（法定後見）は、すでに判断能力が低下していて、自身では何らかの手続きができない人が利用します。具体的には、「金融機関から、成年後見人をつけないとお金をおろせないと言われた」「不動産業者から、成年後見人をつけないと自宅を売ることができないと言われた」など、何らかの困りごとが発生した人が利用することになります。

成年後見制度は、「もの忘れがひどくなってきたから、念のため成年後見人をつけておこう」という性質のものではありません。なぜなら、成年後見制度を利用すると、次のような制限があるからです。

①親族が後見人等の候補者に立候補しても、選ばれるかどうかは裁判官の判断にゆだねられているため、確実に選んでもらえるとは限らない（２０２０年のデータでは、親族が

後見人等に選ばれた割合は19・7％）。

②いったん申し立てたら簡単には取り下げができない（裁判所の許可が必要）。

③利用開始後は、生前贈与ができなくなる（本人の財産を守る制度であるため、単純に財産が減る行為は禁止される）。

④弁護士や司法書士等の第三者が後見人等になると、原則として本人が死亡するまで毎年報酬が発生し続ける（ランニングコストがかかる）。

⑤本人以外の家族のためにお金を使えなくなる（貸し借りも禁止。ただし扶養の範囲内ならOK）。

⑥後見人等は、毎年一定の時期に裁判所へ財産状況について報告書を提出しなければならない。

⑦自宅として使っていた不動産を処分する（売却する、賃貸に出す、賃貸借契約を解除するなど）場合には家庭裁判所の許可を得なければならない。

以上のことを理解したうえで、成年後見申立ての手続きを進めていく必要があります。もの忘れがひどくなってきたから、念のために申立てをしておこうといったような手軽な制度ではないことを理解していただきたいと思います。

とはいえ、身寄りがなくて認知症の症状が重い人や、家族から経済的虐待を受けている人など、後見人等がつくことで人間らしい生活を取り戻せ、成年後見制度を使って生活が安定するケースがあります。つまり「その人にとってベストな方法は何か？」を常に考える必要があります。複数人で後見人等を担当することや、法人が後見人等を担当することも認められています。

なお、以前は成年後見制度を利用すると、国家公務員、地方公務員、医師、弁護士、警備員など一定の職業や地位に就いたり、続けたりすることができなかったのですが、その欠格条項が廃止される法律が２０１９年６月14日に公布され、必要な能力の有無を個別的・実質的に審査して、判断されることになりました。また、２０２１年３月１日施行の会社法の改正により、取締役等にも就任できるようになりました。

成年後見制度の仕組みと利用の流れ

成年後見人をつけないと自宅を売却したり賃貸する契約を結べないなど、何かしら手続きを進めることができない場合は、すぐに成年後見開始申立ての手続きをすることになります。

申立てをしてから後見人等が選任されて、法定代理人として動き出せるまでにかかる期間は、裁判所の混み具合にもよるのですが、だいたい最短で2か月くらいです。

法定後見は、判断能力の低下具合に応じて3種類用意されており、判断能力の低下が著しい順に、「後見」「保佐」「補助」となっています。

サポートする側の人を、「成年後見人」「保佐人」「補助人」と呼び、サポートされる側の人（本人）を、「成年被後見人」「被保佐人」「被補助人」と呼びます。

「後見」「保佐」「補助」のうち、どれに該当するかを判断するのはお医者さん。中立てを決めたら、一番にやることは「かかりつけの医師に診断書を書いてもらうこと」です。

診断書をはじめ、申立てに必要となる書式は、家庭裁判所の後見サイトのホームページからすべてダウンロードすることができます。

診断書を書いてもらう医師は、必ずしも脳や認知症の専門家である必要はなく、内科や整形外科の先生などでも構いません。日常生活の状況を知っている医師に書いてもらうほうが、その人にとって、どの程度のサポートを受けるといいのか正確な診断をしてもらえるでしょう。

ひととおり必要書類がそろったら裁判所へ郵送し、面接（「受理面接」といいます）の予約をします。家庭裁判所での面接は、面接専門の人（参与員とよばれる人等）が面接を担当します。面接担当者が、候補者が後見人等としてふさわしいかどうか、財産の種類や額、家族構成や介護の仕方、普段のかかわり方などをレポートにまとめ、そのレポートが裁判官の判断材料になります。

法定後見開始申立ての流れ

1～2か月（申立て～通知）

- **申立準備**　必要書類の準備　戸籍等を集める
- ↓
- **面接予約**
- ↓
- **申立て**　予約日に家庭裁判所へ行き、面談
- ↓
- **面接**
- ↓
- **審査**　必要に応じてなされる
- ↓
- **審判**　成年後見人等の選任
- ↓
- **通知**　審判書が届く
- ↓　**2週間の不服申立て期間**
- **後見登記**
- ↓
- **登記番号通知**
- ↓
- **（　職務説明　）**
- ↓
- **初回報告**　審判から2か月以内

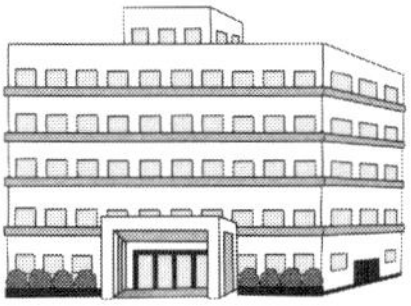

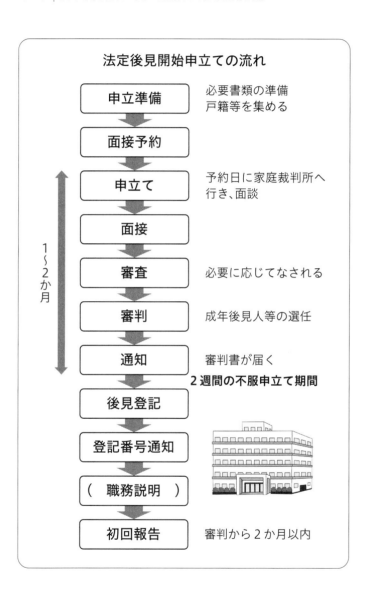

面接が終わればあとは審判を待つのみ。通常1か月程度で審判書が届きます。審判書が届いたらすぐに後見人等になるのではなく、2週間の不服申立期間を経る必要があります。この不服申立てですが、「この人が後見人になるのは嫌です」という不服を言うことはできません。「この人は判断能力に問題がないのでこの制度は使う必要がない」という不服を申し立てる期間であり、不服が出ることなく2週間が経過すると、裁判所が法務局へ登記をしてくれます。

「登記が完了しましたよ」というお手紙が裁判所から届けば、法務局で後見人等の証明書を発行してもらうことができるようになります。証明書（登記事項証明書）を入手したら、後見人等としての業務がスタートします。

「後見人をつけてください」と言われたら

「うちの家族はすでに認知症の症状が進行していて、『後見人をつけてください』と言われているが、どうしたらいいのか」と悩んでいる人もいるかもしれません。

成年後見等の申立てをしても、後見人に立候補した人が必ずしも選ばれるとは限りません。しかし、立候補した人を選んでもらいやすくするようなコツはあります。それは、立候補した人が後見人としてふさわしいことをなるべく丁寧に記載し、家庭裁判所での面接でもきちんと説明をするということです。

「ふさわしいかどうか」というのは、家計簿程度の帳簿をつける時間や能力があるかどうか、住宅ローン以外の借金はないか、日ごろ本人とのかかわり合いがあるのかなど、さまざまな観点から総合的に判断されます。

立候補した人を選んでもらえる確率を上げたいのであれば、推定相続人（本人が亡くなった場合に相続人になる人）全員の同意をとりつけておくことが重要です。また、成年後見業務を数多く経験している司法書士などの専門家に申立ての代行を頼むというのも選択肢のひとつです。

成年後見業務に慣れている専門家かどうかを見分ける方法のひとつとして、問い合わせや相談の際、「私は後見人に選ばれるでしょうか」と聞いてみてください。

「裁判官が決めることなので何とも言えません」といった本を読めばわかるような回答や、「立候補すれば必ず選ばれますよ」「ほとんど親族は選ばれませんよ」などという極端な回答しかもらえないようであれば、あまり慣れていない専門家なのかもしれません。

経験豊富な専門家の場合は、管理する財産の額で場合分けをして、立候補した人がどのくらいの確率で選ばれるかを推測し、４つほどのパターンで説明してくれるはずです。

4つのパターンとは、次のようなものです。

①立候補した親族がそのままストレートに選任される
②立候補した親族が選任されたうえで、後見制度支援信託・後見制度支援預貯金（174ページ）の利用を促される（保佐・補助を除く）
③立候補した親族が選任されたうえで、監督人をつけられる
④第三者（弁護士や司法書士などの専門家）が選任される

誰も候補者がいない場合は裁判所に任せるという方法もありますし（裁判所に一任すると、ランダムに専門家が選任される）、信頼できる専門家がいれば、その専門家を候補者にすることもできます。

後見人等をつけるしかない、という場合でも「想定外の人に全財産を預けることになってしまった」なんてことにならないよう、家族が納得して円滑な財産管理ができるよう、可能な限りの作戦を立てて申立てをしていただきたいと思います。

法定後見制度の利用にかかる費用は？

法定後見制度の利用には、大きく分けて2段階で費用がかかります。1段階目は申立てにかかる費用で、2段階目は後見人等に毎年支払う報酬としての費用です。

1段階目の申立てにかかる費用は、各家庭裁判所により必要となる切手の通数が異なるのですが、東京家庭裁判所の場合は6670円＋戸籍等資料収集にかかる費用です（令和3年4月1日現在）。

申立ての手続き代行を司法書士等の専門家に依頼した場合は、手続き代行費用として10万～20万円程度（専門家によって金額が異なります）がかかります。

2段階目の後見人等がついたあとの後見人等に毎年支払う報酬（基本報酬＝成年後見人

等が、通常の後見事務を行った場合の報酬）ですが、こちらは誰が後見人等に選ばれたかにより異なります。

後見人等の報酬は、後見人等が業務を行って約1年後に、裁判所への定期報告とともに「報酬付与の申立て」をすることにより裁判所が金額を決定する流れになっています。親族が後見人等になった場合は、報酬付与の申立てをしなければ報酬は発生しませんが、第三者が後見人等になった場合は最低でも年間24万円の費用がかかります。

後見人等の年間報酬は、原則として本人が亡くなるまで発生します。もちろん、親族の人が後見人等になっても報酬請求をすることは可能です。

なお、特別な事情がある場合や、特別の行為（自宅不動産の売却や訴訟手続きなど）を成年後見人等がした場合には、基本報酬に加え、付加報酬として相当額が付加されることがあります。報酬の基準は、家庭裁判所のウェブサイトで確認できます。

法定後見制度の利用にかかる費用

■ 成年後見・保佐・補助の申立てにかかる手数料
および後見登記手数料

収入印紙	成年後見	3,400円（内訳：800円＋2600円）
	保佐・補助	4,200円
切手	成年後見	3,270円
	保佐・補助	4,210円
診断書の費用	5,000円程度（病院によって異なる）	
鑑定費用	5万～15万円（裁判所が再鑑定を希望した場合に必要）	

■ 家庭裁判所が定める基本報酬

管理財産額（預貯金および有価証券等の流動資産の合計額）	成年後見人、保佐人、補助人	監督人（後見監督人、保佐監督人、補助監督人、任意後見監督人）
1000万円以下	月額２万円	月額１万～２万円
1000万円超5000万円以下	月額３万～４万円	月額１万～２万円
5000万円超	月額５万～６万円	月額２万5,000円～３万円

東京家庭裁判所後見センターウェブサイトを基に作成

コラム　お金がない人は成年後見制度を利用できないのか

時々、こんな質問を受けることがあります。

「金銭的に余裕がなく、身寄りのない人は成年後見制度を利用できないのでしょうか？」

結論としては、利用できます。後見人等の年間報酬をその人のお財布から捻出できるかということと、制度を利用することは別問題です。

申立てができる4親等内の親族がいない場合や、親族の協力が得られないような場合、市区町村長の申立てという方法があります。２０２０年の1年間で８８２２件、成年後見等の申立てのうち23・９％が市区町村長による申立てで、年々増加する傾向にあります。

報酬の審判は出たけれども本人に払える資力がないというケースはあり得ます。そのような場合は各自治体の報酬助成制度などを利用することになります。

後見制度支援信託・後見制度支援預貯金とは

ここで、169ページで紹介した②のパターンである「後見制度支援信託・後見制度支援預貯金」についてふれておきましょう。

近年、家庭裁判所はこの後見制度支援信託・後見制度支援預貯金の利用を促している傾向があります。「大きな金額は指定の信託銀行や信用金庫などに預け、簡単にはおろせないようにカギをかけたうえで、親族を後見人等として選ぶ」という選任方法です。

具体的にいうと、預貯金が5000万円ある人の後見申立てをした場合、4500万～4700万円程度を指定の信託銀行等に預けてもらい、裁判所の許可がないとおろせないようにしたうえで、残りの300万～500万円程度を手元の通帳に残して親族後見人が管理していく、という流れになります。

後見制度支援信託は、成年後見制度専用の信託の仕組みで、元本が保証されています。指定の信託銀行等との契約締結時のみ、専門職後見人（弁護士や司法書士等）が行い、預け入れの手続きが終わったらその専門職後見人は辞任し、親族後見人と交替するというイメージです。専門職後見人に支払う報酬は20万円前後が目安で、支払いは1回きりで済みます。

日々の収支が赤字になる場合は、預け入れする金額を決める際（信託契約の手続き）に、〇か月ごとに〇万円を自動送金してもらうといった契約内容にし、常に手元に３００万～５００万円程度の財産がある状態をキープしながら管理することができます。施設費や入院費など大きな金額の払戻しが必要な場合は、裁判所に報告書を提出し、指示書をもらえば払戻しができます。

後見制度支援預貯金の仕組みは、後見制度支援信託とほぼ同じです。対応金融機関が後見制度支援信託よりも幅広くなっています。

後見制度支援信託・後見制度支援預貯金ともに、保佐・補助・任意後見は対象外です。

2019年3月18日に厚生労働省で開催された「第2回 成年後見制度利用促進専門家会議」において、最高裁判所が表明した考えは、「後見人となるにふさわしい親族等の身近な支援者がいる場合は、これらの身近な支援者を後見人に選任することが望ましい」というものでした。つまり、預貯金が多いケースでも「①親族を後見人等に選び、後見制度支援信託・後見制度支援預貯金を利用する」または「②親族を後見人等に選び、後見監督人をつける」というパターンが増えていくのではないかと予測されます。

裁判所発表の「成年後見関係事件の概況」によると、親族が後見人として選任された割合は、年々減り続けています。一見、第三者による後見人が単純に増え続けているようにも見えますが、前述したとおり、最高裁判所は「これからは親族後見人を増やしていきましょう」という表明をしています。2020年から、立候補者の内訳が発表されるようになり、より実態がわかるようになりました。このデータによると、2020年は後見人に立候補した親族の割合が23・6%でした。全体では親族後見人が19・7%でしたが、立候補した親族の割合から計算すると、手を挙げた親族は8割近くが選ばれたということがわかります。

後見制度支援信託の仕組みに沿った信託商品を提供している金融機関一覧
(2020年4月現在)

三井住友信託銀行　みずほ信託銀行　三菱ＵＦＪ信託銀行
りそな銀行　千葉銀行　中国銀行　京都銀行

後見制度支援預貯金の取扱いをしている信用金庫、信用組合、農業協同組合および金融機関一覧(ＪＡ・都銀・地銀)一覧

【信用金庫】(2020年2月現在)
朝日信用金庫　興産信用金庫　さわやか信用金庫
東京シティ信用金庫　芝信用金庫　東京東信用金庫
東栄信用金庫　亀有信用金庫　小松川信用金庫
足立成和信用金庫　東京三協信用金庫　西京信用金庫
西武信用金庫　青梅信用金庫　多摩信用金庫　城南信用金庫
昭和信用金庫　目黒信用金庫　世田谷信用金庫　東京信用金庫
城北信用金庫　瀧野川信用金庫　巣鴨信用金庫
東京ベイ信用金庫

【信用組合】(2020年3月現在)
東信用組合　共立信用組合　江東信用組合　七島信用組合
青和信用組合　全東栄信用組合　第一勧業信用組合
大東京信用組合　東京厚生信用組合　東京都職員信用組合
中ノ郷信用組合　ハナ信用組合　文化産業信用組合

【農業協同組合】(2021年1月現在)
西東京農業協同組合　西多摩農業協同組合　秋川農業協同組合
八王子市農業協同組合　東京南農業協同組合
町田市農業協同組合　マインズ農業協同組合
東京みどり農業協同組合　東京みらい農業協同組合
東京むさし農業協同組合　東京中央農業協同組合
世田谷目黒農業協同組合　東京あおば農業協同組合
東京スマイル農業協同組合　東京都信用農業協同組合連合会

【ＪＡ・都銀・地銀】(2020年10月現在)
ＪＡバンクグループ　みずほ銀行　三井住友銀行
三菱ＵＦＪ銀行　東京スター銀行　あおぞら銀行

ここに挙げていない金融機関でも、取扱いをしているところがあります。

出典:東京家庭裁判所後見センターウェブサイト

任意後見なら希望どおりの財産管理ができるのか

法定後見の場合は、親族が必ず後見人になれるわけではないというデータが出ていますが、自分の希望する人が確実に後見人になれる手立てはないのでしょうか。

その希望を叶えるのが任意後見制度です。任意後見制度は、将来、判断能力が落ちてしまったら「誰に」「何を」「いくらで」任せるかを自分が元気なうちに契約で決めておく仕組みです。

任意後見契約はその名のとおり、任意で後見人になる人を決めておく契約です。自分の意思で後見人を決定するので、その意思は法定後見よりも優先されます。

任意後見制度は、未婚の人、配偶者との別離によりひとりで生活している人など、老後や死後のことをお願いできる人が周りにいない人などが利用するケースが多くみられました。しかし、今後はそういった人以外でも任意後見制度の利用の検討をおすすめします。法定後見の場合には親族が後見人に立候補しても、裁判所に選んでもらえるかどうかが不確実であるのに対し、任意後見の場合は、後見人を自分で選んでおける仕組みだからです。

任意後見人候補者を複数にすることや法人にすることも可能です。

任意後見制度を利用する場合の契約等の内容を具体的に見ていきましょう。

①任意後見契約（必ず公正証書で行う）

メインの契約です。判断能力が低下したときに備えて、「誰に」「何を」「いくらで」任せたいのかを記載します。銀行取引や、介護の手続き、不動産の処分ができる権限などは最低限入れておくとよいでしょう。必ず「公正証書」で契約書を作成する必要があります。公正証書の作成が終わると、公証人が任意後見の登記を申請し、登記事項証明書には「任意後見受任者」と記載されます。

任意後見人への報酬金額は契約当事者間で取り決めます。自由に決めることができるので無報酬とすることもできますし、高めに設定することもできます。

報酬は判断能力が低下した後、任意後見監督人が選任されてから発生することになります。判断能力が万全なときには任意後見契約の効力がスタートしていないので、報酬は発生しません。

ピンピンコロリのケースなら、「将来、後見人になる人」の立場のまま出番なく任意後見契約が終了するということになります。

②財産管理等委任契約

判断能力が低下していなくても、からだが不自由になった場合等に備えて、銀行の手続きなどを代わりに行ってほしいという希望がある場合に契約しておきます。受任者への報酬金額は契約当事者で取り決めます。報酬は、当事者間で決めた日（財産管理をお願いした日）から発生します。

③見守り契約

任意後見契約を、親族ではない第三者と結ぶときに締結します。判断能力が低下していないかどうかを見守る（電話を掛けたり訪問したりする）ための契約です。

報酬は、当事者間で決めた日（見守りをスタートした日）から発生します。身近な親族が任意後見受任者となる場合は、見守り契約は不要でしょう。

④遺言

死亡後の財産の使い道を決めておくものです（124ページ）。

⑤死後事務委任契約

死亡後の埋葬や葬儀のこと、死亡後の家の片づけのことなどを委任する契約で、いわゆる「おひとりさま」にとくに需要のある契約です。

報酬は、委任者が亡くなった日以降に、当事者間で決めた金額が発生します。

①〜③は当事者どちらか一方が死亡したら効力が消滅しますが、⑤は死亡後から効力が発生する契約です。

②③⑤は、任意後見契約を締結する際（または締結した後）、必要に応じてオプションとして付ける契約です。①と違い、公正証書でつくらないと効力が発生しないわけではありませんが、銀行などでスムーズに手続きが行えるよう、オプションの契約も一緒に公正証書で作成される人が多いです。

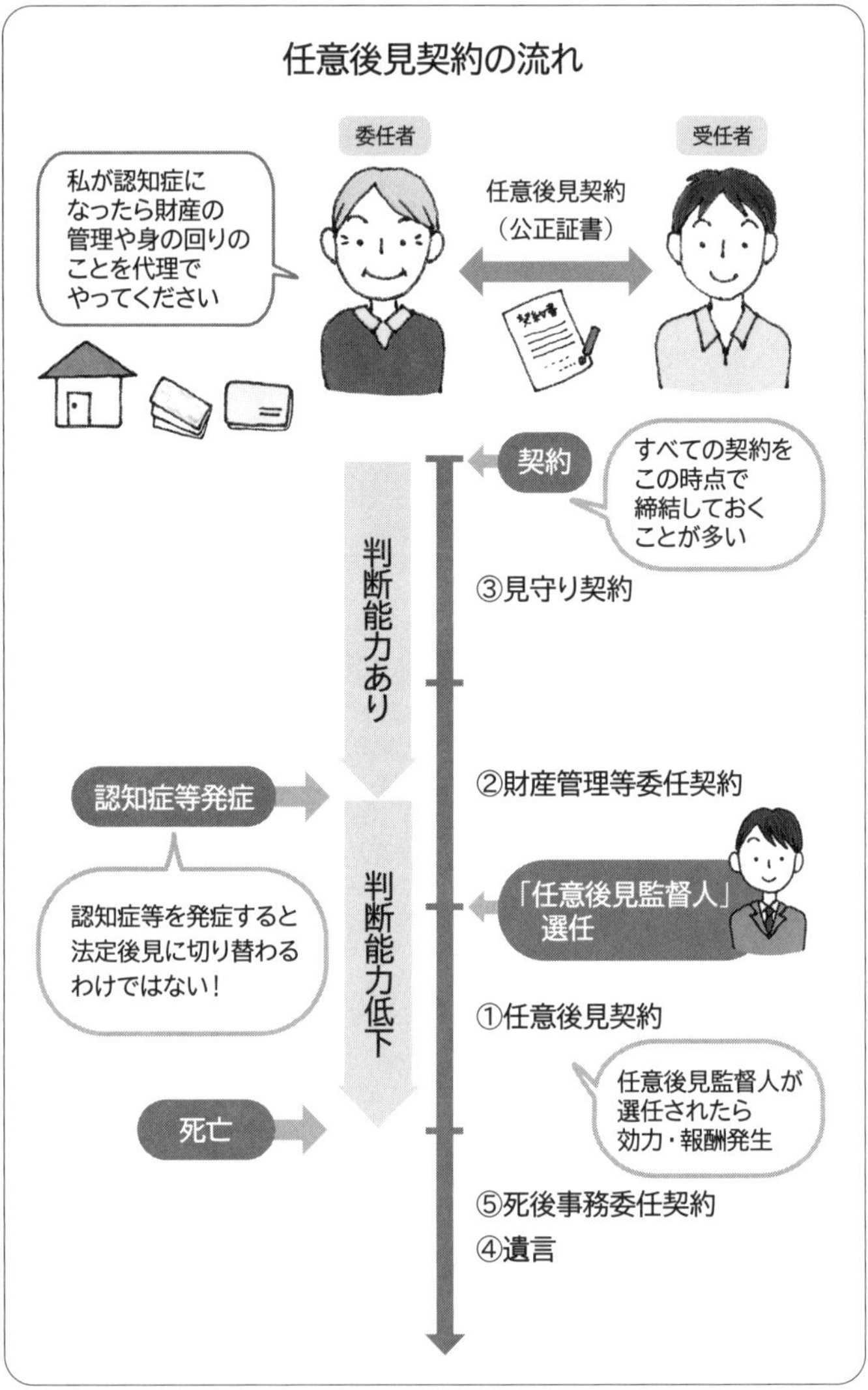
任意後見契約の流れ
委任者
受任者
私が認知症に
なったら財産の
管理や身の回りの
ことを代理で
やってください
任意後見契約
（公正証書）
契約
すべての契約を
この時点で
締結しておく
ことが多い
判断能力あり
③見守り契約
認知症等発症
②財産管理等委任契約
認知症等を発症すると
法定後見に切り替わる
わけではない！
判断能力低下
「任意後見監督人」
選任
①任意後見契約
任意後見監督人が
選任されたら
効力・報酬発生
死亡
⑤死後事務委任契約
④遺言

いよいよ判断能力が低下してしまった！　任意後見発動！

判断能力が低下し、自身での財産管理が難しくなったら、そのときが任意後見契約の効力を発生させるときです。任意後見人を頼まれていた人（任意後見受任者）等は、裁判所へ医師の診断書を提出し、任意後見監督人の選任申立てをすることで効力を発生させます。

ここでいう判断能力の低下とは、法定後見でいうところの「保佐」程度で構わないとされています。法定後見のように「後見」「保佐」「補助」の区別がないため、任意後見監督人選任のタイミングは、任意後見受任者等（本人・配偶者・4親等内の親族）の判断にゆだねられることになります。

任意後見受任者本人や、その身近な人を任意後見監督人として指名することは原則としてできないとされています。なぜなら、任意後見人が暴走する危険性をストップする役割を担うからです。任意後見監督人には、弁護士や司法書士などの専門家が就任することになり、その報酬は家庭裁判所が決めます（187ページの表参照）。

任意後見監督人が選任されると、法定後見と同じように審判書が送達されます。審判書が届いてから2週間が経過してから正式に任意後見人となり、登記（裁判所が登記します）が完了すれば任意後見人としての証明書が法務局で取得できるようになります。

任意後見は「おひとりさま」が認知症になってしまったときに備えて事前に契約しておくケースが想定されていたのですが、家族間で締結しておくのも選択肢のひとつです。誰が選任されるか不確実な法定後見より、自分が決めた人に確実に後見人になってもらうことができる点に魅力を感じる場合は、検討をおすすめします。ただし、任意後見の効力を発動させるべきときが来たら、任意後見監督人の報酬が発生するので、ランニングコストがかかる可能性がある点も頭に入れておいてください。

ところで、任意後見人が本人の代わりに「できること」はどこまででしょうか。その答えは、任意後見契約書の中に盛り込んだ内容です。

ですから、契約を締結する段階で、将来何を頼むことになるのかをよく考えて契約内容を決めていきます。例えば、銀行の手続き、介護施設との契約の手続き、不動産の処分等、細かく書いていきます。「すべての権限を代理する」という包括的な代理権の決め方はできないとされているのでご注意ください。

家族以外の人と任意後見契約を結ぶ場合は、「信頼関係」だけでなく「相性」も重要です。長い期間関係が続き、自分に万が一のことがあった場合に将来の財産管理をお願いする契約です。ですから「この人」と思える人に出会うまでは何人かと会って検討することをおすすめします。

任意後見契約をやめたいときは、解除ができます。任意後見契約の発効（任意後見監督人選任）前であれば、公証人の認証のある書面（解除の合意書や解除通知書に認証を受けて送付）によって解除することができます。発効後は、正当な理由がある場合に限り家庭裁判所の許可を得て解除できます。

任意後見制度の利用にかかる費用は？

任意後見の利用にかかる費用は3段階で考えます。

1段階目は、任意後見契約締結時にかかる費用で、おおよそ2万円です。内訳は、公証役場手数料が1万1000円、その他登記手数料等（公証役場へ支払います）が約5000円、戸籍等の証明書関係の手数料が約3000円です。契約書作成を司法書士等の専門家に頼んだ場合は約10万～20万円程度の専門家に支払う費用がプラスされます。

2段階目は、判断能力低下により任意後見監督人選任の申立てをするときにかかる費用で、おおよそ1万3000円です。内訳は、医師の診断書が約5000円、収入印紙代が2600円、切手代3000～5000円、その他戸籍関係の証明書等の手数料です。

任意後見にかかる費用

１段階目	任意後見契約締結時	約２万円 外注　10万～20万円
２段階目	判断能力が低下	約１万３千円
	任意後見の効力発動時	
３段階目	任意後見人報酬	０円～（自由に設定）
	任意後見監督人報酬	月額１万円～ （裁判所が決定）

３段階目は、任意後見人と任意後見監督人に毎年支払う報酬です。任意後見人の報酬は当事者間で決めた金額となります。任意後見監督人の報酬は裁判所が決定します。

このように見ていくと、任意後見は委任する相手によっては法定後見よりもお金がかかる場合があります。

管理する財産が少ないけれども将来が不安だという人は、社会福祉協議会が行っている「日常生活自立支援事業」という制度を利用するのも選択肢のひとつです。福祉の相談、通帳の管理、軽作業などのサポートを、月額１０００～１５００円程度の料金で受けることができます。

日常生活自立支援事業を利用できるのは「自分で契約ができる人」なので、すでに判断能力が低下している人は使えませんが、少しもの忘れが多くなってきて今後が不安というような段階の人に適している制度だといえるでしょう。

詳しい内容や金額については、地域の社会福祉協議会にお問い合わせください。

第6章

家族信託を認知症対策として利用する方法

なぜ今、家族信託が注目されているのか？

家族信託とは、「**家族**を**信**頼して財産の管理を任せ**託**すこと」です。実は、「家族信託」という法律用語があるわけではありません。

信託には、大きく分けて、商売としてする「商事信託」（信託銀行の商品である投資信託をイメージしてください）と、商売としてではなく、あくまでも民間人同士、原則一回きりで行う「民事信託」があります。家族信託は、この民事信託を利用します。家族間で行うことが多いため「家族信託」という言葉が浸透しています。

なぜ今、家族信託が注目されているのでしょう。その理由は、たとえ家族が認知症になったとしても成年後見制度を利用せずに財産管理をしていきたい、というニーズに応えることができる仕組みだからです。

家族信託には、主に次の3つのメリットがあります。

①家族が認知症になっても柔軟な財産管理ができる

家族信託によって、たとえ家族が認知症になったとしても財産の凍結を防ぐことができます。財産の凍結とは、「不動産が売れない」「預金がおろせない」など、財産を動かせない状態のこと。家族信託を利用すればそれらを回避することができるのです。

さらに本人と家族双方が望む、相続税対策も含めた財産の有効活用もできます。例えば、不動産や金銭について家族信託の手続きをしておけば、持ち主が認知症になったとしても、託された人が手続きできるようになるので、持ち主の体調に左右されることなく、売却や購入、資産の組み換えなどをすることができ、結果的に相続税対策として効果を得られることがあります。

成年後見制度（法定後見・発効後の任意後見）は、制度の本質が「本人の財産が減らないように守る」というものなので、リスクを含んだ投資や、融資を利用した建替えなどの資産の有効活用、生前贈与などの相続税対策は原則としてできなくなります。それにくらべて積極的な活用が継続できる点は家族信託のメリットです。

②資産を何段階にも引き継がせることができる

財産の持ち主が亡くなると、相続が発生します。遺言を書いておいた場合、1回目はスムーズに財産を引き継ぐことができますが、2回目はできません。

どういうことかというと、「私が死亡したら自宅は長男Aへ相続させる。そしてその後に長男Aが死亡したら、長男Aの子である孫Dへ相続させる」と遺言を書いたとします。書くのは自由ですが、法律的に効果があるのはご自身の相続の部分だけです。2回目の相続に関する言葉は、「ただの希望」ということになります（「付言事項」という形で家族への想いを伝達する意味は大いにありますが、法律的な拘束力はありません）。遺言を用いて、長男Aが死亡した場合に必ず孫Dに引き継いでもらいたいのであれば、長男A自身が「私が死亡したら子Dに相続させる」という遺言を書く必要があるのです。

ところが、信託法に基づく家族信託を使い、同じ内容を信託契約書に記載した場合、財産を引き継ぐことが実現できてしまうのです。なぜなら、信託法は特別法といって、一般法である民法に優先する性質をもっているからです。信託契約によって、「自分が死亡したら長男Aへ財産を渡し、長男Aが死亡したら孫Dへ財産を渡してください」という約束を有効に成立させることができるのです。先祖代々引き継いでいきたい不動産や自社株式がある場合や、本人が再婚しており現在の妻との間に子どもがいないケースで、自分が死亡した後は、まず現在の妻へ引き継がせ、妻の死亡後は前妻との間の子どもへ引き継ぎたい、というニーズにも応えることができます。何も対策をしなかった場合、本人の死亡後、妻が死亡したとすると、妻の兄弟姉妹へ財産が移る可能性が高くなります。

③共有不動産のリスクを回避できる

複数の子どもがいる場合、平等にするために、不動産を共有で相続させるケースがみられます。しかし、共有というのはさまざまなトラブルの可能性（リスク）を含んでいるのです。代表的なリスクは次のものです。

・共有者に相続が起こるたびに、どんどん共有者が増えてしまい、管理が複雑になる。
・共有者の一部が海外に行ったり疎遠になったりすることで、売却や賃貸手続きが困難になる。
・共有者の誰かひとりでも反対したら売却や賃貸ができない。

家族信託を使うことで、管理・処分する権限をひとりに集約できるので、不動産が塩漬けになってしまうリスクを回避できるのです。

家族信託のやり方は簡単？　難しい？

では、どのように家族信託の仕組みをつくればよいのでしょうか。

家族信託のやり方には、次の3つがあります。このうち、「認知症に備える」という目的で使われる方法は、①の信託契約です。

①信託の契約を家族との間で締結する（自分の利益のために家族に財産を託す契約）

②遺言書の中で信託を設定する（死亡してから信託の効力が発生する）

③自己信託（自分以外の利益のために自分に財産を託す）

ここでは、①をどのように使って認知症対策をするのかを解説していきます。具体的には、次ページの図のように家族間（図では父と息子）が契約を結ぶことになります。

※②や③については割愛します。詳しく知りたい場合は民事信託の専門書をご参照ください。

家族信託の仕組み

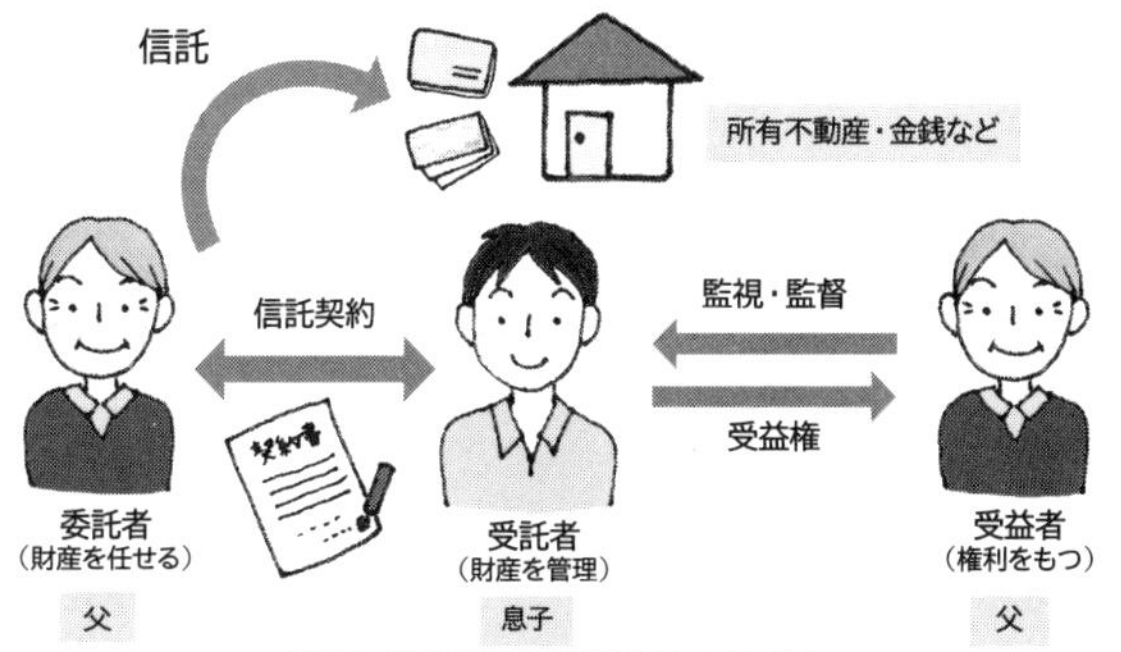

※信託銀行の遺言信託や投資信託（投資商品）とは異なります。

◆ 委託者：財産を持っている人。財産を託す人。

◆ 受託者：財産を託され、管理・運用・処分する人。形式的に名義人になる。

◆ 受益者：財産の運用・処分で利益を得る権利（受益権）を有する人。

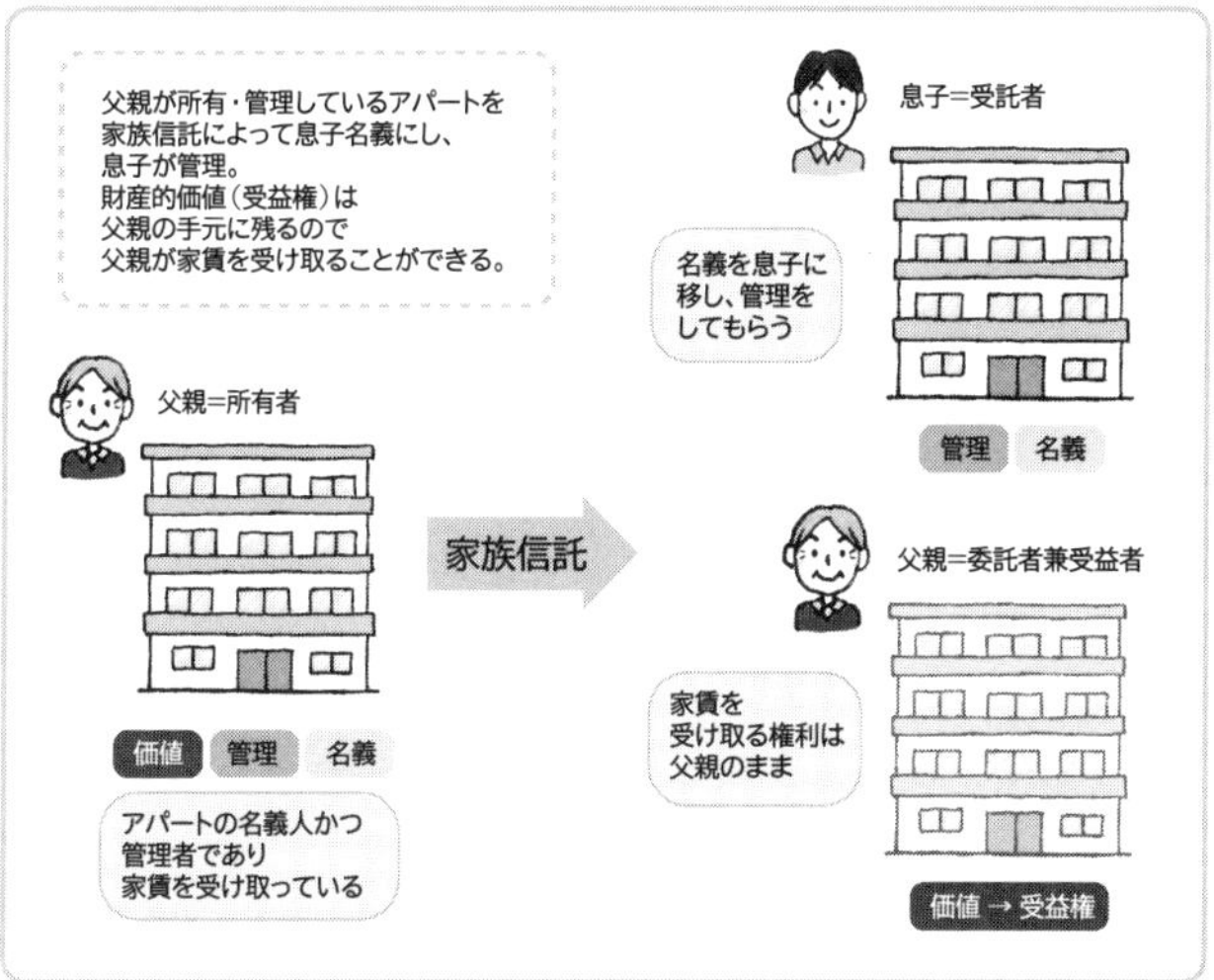

登場人物は、委託者、受託者、受益者の3役です。より端的に表すと、次のとおりです。

委託者――財産管理を託す人＝お父さん

受託者――財産管理を託される人＝息子

受益者――利益を受ける人＝お父さん

贈与との違いは、財産管理を託す人と、利益を受ける人が同一人物であることです。贈与する場合は、利益も含めて相手に渡してしまうので、渡したものが完全に贈与した相手のものになります。しかし、家族信託は、管理運用を任せているだけで、利益までは渡しません。贈与ではないため、贈与税は発生しませんし、不動産取得税も発生しません。

贈与税が発生しないといっても、税金を免れる魔法のシステムでもないことにご注意ください。税金がかかるタイミングが後ろにずれるだけです。具体的に説明していきます。

自宅でも収益物件でも考え方は同じですが、わかりやすいように、家賃が発生する賃貸アパートを息子に信託したとしましょう。民法でいうところの「所有している」状態を、195ページ下段の左側の図（「価値」「管理」「名義」が一体化）で表しています。父と息子が信託契約を結ぶことにより、信託法の世界へもっていくと（右側）、「名義」と「管理」が息子のほうへ移り、「価値」は「受益権」という形に姿を変えて父のもとに残ります。つまり、アパートの名義は息子名義となり、家賃はお父さんが受け取るという形をつくることができます。息子さんは、「名義も預かる管理人」のイメージです。息子さんは、アパートの名義人となり、修繕をしたり、賃借人の家賃交渉に応じたり、契約手続きをする当事者になる一方、受益権はお父さんがもったままなので、家賃収入は相変わらずお父さんの手元にいきます。だから贈与ではないのです。自宅の場合は家賃はないのですが、売ればお金に変わるという財産的価値が受益権です。

家族信託をした場合、受益権が移るときが税金がかかるときです。受益権を生きているうちに誰かに無償で渡せば贈与税の対象になり、お父さんの死亡によって受益権が相続人へ移動すれば、相続税の対象になります。税務に関しては、時間がずれるだけで、従来の所有権の取り扱いと差がありません。資産を運用でき、結果として税金対策になることはありますが税金が消えてしまうような魔法の仕組みではないことをご理解ください。

家族信託によって、名義と管理を息子さんに渡すメリットは何でしょうか？　ずばり、お父さんが認知症になったとしても、アパートの名義人が息子になっているため、成年後見人をつけなくても息子が売却したり修繕したりできるということです。この点が、成年後見制度の代わりに使えるといわれている点です。

ただし、家族信託も契約です。契約は判断能力がなければできませんので、お父さんが元気なうちに家族信託の契約を結んでおかなければならないことはいうまでもありません。

信託契約を締結した後は、信託契約の内容に添って不動産の名義変更登記をします。登記簿謄本（全部事項証明書）では、所有者の欄に記載される名前がお父さんから息子さんの名前になります。

所有権が移転した原因として「令和〇年〇月〇日信託（信託契約を締結した日付）」と入ります。さらに、信託目録という枠に、どんな管理権限が託されたのかがわかるようになっています。名義が息子さんになると、以後、固定資産税の通知は息子さんへ届くようになります。よって、当面の固定資産税を支払えるように、あらかじめ一定の金銭も信託しておくことが多いのです。

信託不動産の登記簿の記載例

権利部（甲区）（所有権に関する事項）			
順位番号	登記の目的	受付年月日・受付番号	権利者その他の事項
1	所有権保存	平成２０年１１月２０日 第１２３４５号	所有者　東京都武蔵市岸祥寺北町七丁目６番６号 青　森　五　郎
2	所有権移転	令和２年１月３１日 第３５号	原因　令和２年１月２６日　信託 受託者　東京都武蔵市岸祥寺本町六丁目１番３号 青　森　一　郎
	信託	余白	信託目録第４６号

信託目録	調整　余白	
番　号	受付年月日・受付番号	予　備
第４６号	令和２年１月３１日 第３５号	余白
１．委託者に関する事項	東京都武蔵市岸祥寺北町七丁目６番６号 青　森　五　郎	
２．受託者に関する事項	東京都武蔵市岸祥寺本町六丁目１番３号 青　森　一　郎	
３．受益者に関する事項等	東京都武蔵市岸祥寺北町七丁目６番６号 青　森　五　郎	
４．信託条項	信託の目的 本件信託は、委託者の体調変化があったとしても、信託した財産を受益者のために資産を適正に管理及び有効活用することを目的とする。 信託財産の管理方法 １．受託者は、信託不動産について、信託による所有権移転または所有権保存の登記及び信託の登記手続を行うこととする。 ２．受託者は、信託不動産を第三者に賃貸することができる。 ３．受託者は、裁量により信託不動産を換価処分することができる。 ４．受託者は、信託の目的に照らして相当と認めるときは、信託不動産となる建物を建設することができる。 信託の終了事由 本件信託は、次の事由により終了する。 (1)青森五郎が死亡したとき (2)受託者及び受益者が合意したとき その他の信託条項 １．本件信託の受託権は、受益者及び受託者の合意がない限り、譲渡、質入れその他担保設定等すること及び分割することはできないものとする。 ２．受益者は、受託者との合意により、本件信託の内容を変更することができる。 ３．本件信託が終了した場合、残余の信託財産については、最終の受益者に帰属するものとする。	

お金を信託する場合、息子さんがお父さんのお金を管理する信託専用の口座（信託口口座）を新しくつくり、その口座に預けたい金額を入金して管理していくことになります。後見人のように今まで使っていた通帳そのものの管理を交代する形ではありません。また、年金は直接本人の口座へしか振り込むことができず、信託口口座へ振り込んでもらうことができないので、年金もあわせて管理してほしい場合は、年金が振り込まれる口座の代理人届をしておく、自動送金サービスを利用するなどして対応しておく必要があります。

上場株式や投資信託も信託することができます。対応している証券会社が限られているので（野村證券、大和証券、楽天証券など）、上場株式を信託したい場合は、各証券会社に条件や対応方法をお問い合わせください。

※なお、自社株式も信託することができます。認知症対策や事業承継対策として、家族経営をしている会社のオーナーさんには検討をおすすめします。この本では割愛しますが、自社株式を社長ひとりが持っているというご家族は、民事信託の専門書をご参照ください。

※農地は原則として信託できません。

家族信託をするためにかかる費用は？

家族信託の仕組みを設定するには、主に次の費用がかかります。

①信託組成コンサルティング費用

信託契約書は、自力でつくることもできるのですが、各家庭にあったオーダーメイドで作成しないとあまり意味がありません。なぜなら、推定相続人が何人いるか、疎遠の家族がいないか、両親ともに健在か、といった事情を考慮しながら、介護が必要になったら家で過ごしたいのか施設に入りたいのかなど、家族みんなの希望を叶えるためにつくるものだからです。

例えば、管理者となる息子が暴走してしまわないよう別の兄弟姉妹を監視役としてメンバーに入れたり、管理者である息子に万が一のことがあったときのために予備の受託者としてメンバーに入れたり、親の目の黒いうちは親の指示に従ってほしいという制限の項目を入れたり、○○は売却しないでほしいという条件を入れたり、どの時点で信託を終わらせるのかについても各家庭の希望に合わせた内容でつくっていきます。

それらの理由から、信託契約書の組成は専門家に依頼することを強くおすすめします。ここでいう専門家とは、司法書士・弁護士・税理士などですが、インターネットや電話で話を聞いてみて、何人かにお会いして相性や経験値などをしっかり見極めるほうがいいでしょう。コンサルティング費用はだいたい30万円から（100万円を超える場合もあり）としている事務所が多いようです。

②信託契約を公正証書で結ぶ場合の公証役場手数料

信託契約は任意後見契約と違って、公正証書で結ばなくてはならないという法律上の決まりはなく、私文書でも有効に成立します。しかし、内容に不満が出そうな家族がいる場合や、後々のトラブルを避けるためにも、公正証書で締結するほうがより安全でしょう。公証役場へ支払う費用は、公証人に算出してもらいます。公正証書遺言の場合と同じように、信託する財産の全体額に応じて手数料が異なります。

③不動産の名義を変えるための登録免許税

不動産の名義を変えるには、登録免許税という税金が発生します。不動産評価額の0.4%（土地は、令和5年3月31日まで0.3%）です。例えば、評価額3000万円の土地と建物（土地2500万円、建物500万円）を贈与した場合と家族信託をした場合の登録免許税を比較してみましょう。

・贈与した場合の登録免許税　60万円（さらに贈与税、不動産取得税もかかる）
・信託した場合の登録免許税　9万5000円（贈与税、不動産取得税はかからない）

①〜③を見て家族信託をするにはそれなりに初期費用がかかると感じた方もいらっしゃると思います。ここで、成年後見制度を使わざるを得なかった菊枝さんの例を思い出してください（24ページ参照）。

何も対策をしなかったため、成年後見制度を利用するしか選択肢がなかった菊枝さんは、家庭裁判所へ成年後見の申立てをしました。申立ての際、成年後見人の候補者を菊枝さんにしたとしても、裁判官は、見ず知らずの弁護士や司法書士を成年後見人に選任する可能性があります。

　何らかの事情で弁護士が成年後見人として選任されたとしましょう。自宅を売却した費用で父親は施設に入ることができますが、父親が死亡するまで、成年後見人に毎年報酬が発生します。仮に、最低金額の年24万円の報酬審判が出たとしても、5年間で約120万円もの出費となり、さらに自宅を売却した作業分は付加報酬として加算されることになります。つまり、成年後見人がついてから亡くなるまでの期間が長いと、後見報酬の負担が大きくなってしまいます。

　このように、点で見るか、線で見るかによって、コストの考え方が違ってきます。制度や仕組みを知ったうえで、いざというときに成年後見制度を利用するかどうかを見据えていただきたいのです。対策を知らなかったために、気づいたときには選択肢が法定後見一択しかないというのでは好ましくないですね。

　以前ご相談を受けた方に、「将来的に不安なので、新聞で読んだ家族信託を検討したい」という方がいらっしゃいました。家族の人間関係やお父様のお持ちの財産などをうかがったところ、慌てて家族信託をしなくても大丈夫という結論に至りました。このご家族の場合は、たとえ認知症を発症して空き家になったとしても売却の予定はなく、家のメンテナンスが容易にできる距離に親族がいて、施設費に充てられそうな金融資産がありました。親が元気なうちに、各銀行や証券会社に代理人届をすることで、ある程度子どもが管理できるようにしておけば、当面は困ることがなさそうだと判断できたからです。必ずしも家族信託が万人に必要というわけではないのです。結果的に、このお父様は遺言書を作成。相続手続きをスムーズにする準備のみを行いました。

大切なのは、「将来、介護が必要な状況になった場合、どのような環境にしておきたいか」ということを家族で話し合うことなのです。ご相談をきっかけに、家族で話し合っていただくことができ、普段は無口というお父さんが、「私に何かあったら、とにかく母さん(奥さま)の面倒をしっかり見てほしいんだ」ということをおっしゃり、奥さまとお子さんたちは、初めて聞くセリフにびっくりしていました。このような話ができただけでも、収穫があったといえるでしょう。きっかけは「家族信託」の検討でしたが、家族全員が元気なうちに親の想いが子へ伝わり、介護のことや相続のことまで皆で話し合うことができたことが本当に素晴らしいと思いました。

光子さんが行った家族信託

さて、光子さんが行った家族信託の内容（22ページ参照）はどんなものだったかを詳しく見ていきましょう。

・父親名義の自宅と預金の一部の管理を光子さんに信託し、自宅の名義を光子さんに変更した。
・光子さんは、信託専用の口座（信託口口座）をつくり、その口座の中で父親から預かったお金を父親のために管理していく。
・父親が亡くなったら、受益権は母親に移る設計にし、引き続き、今度は母親のために管理をしていく。
・父母ともに死亡したら信託は終了させ、残った信託財産は光子さんへ渡す。

光子さんとお父さんの信託契約の内容

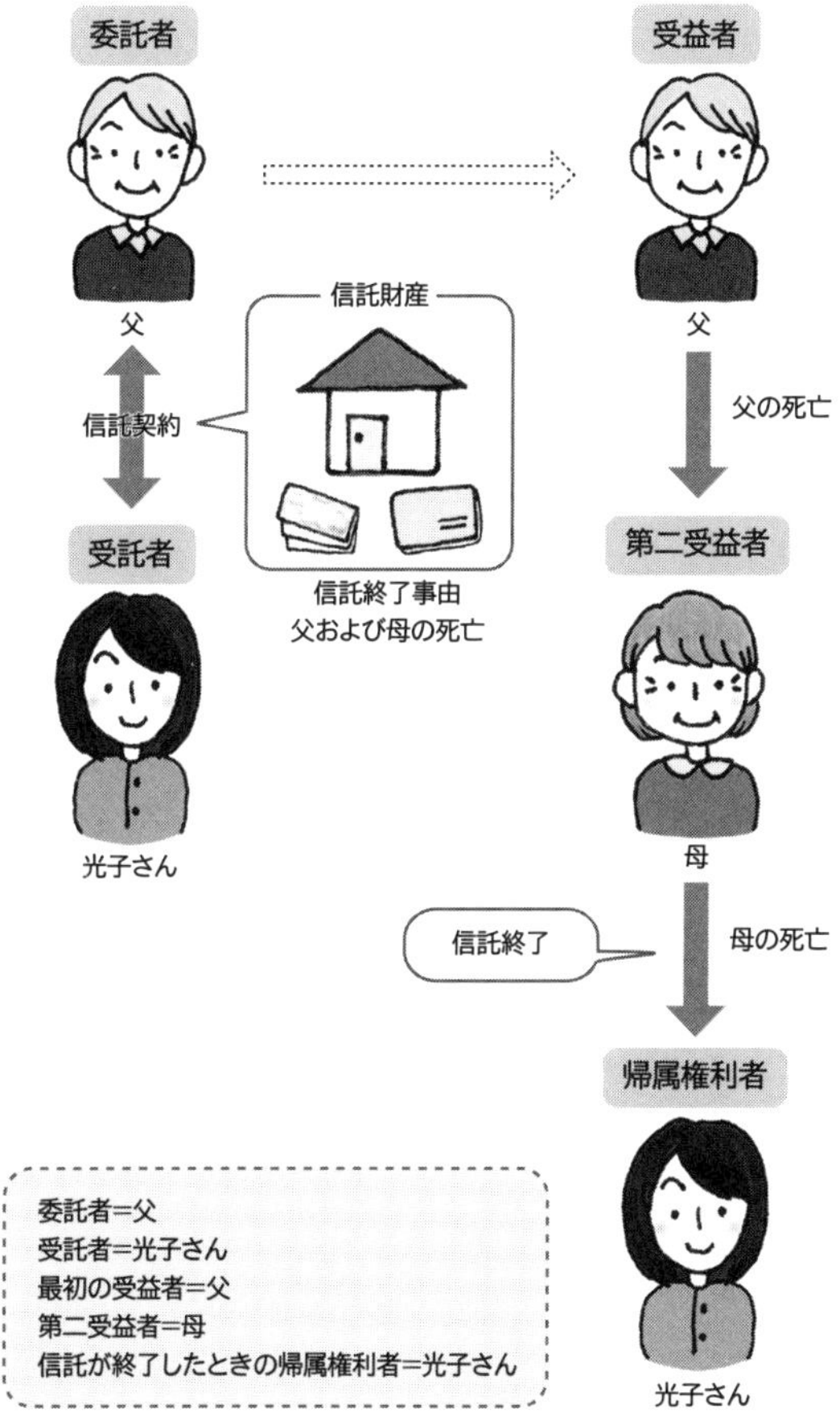

では、光子さんとご両親が信託契約を結んだ後、どのようなことがあったのかを見てみましょう。

信託中は、父親の体調にかかわらず、家の管理は光子さんが行いました。半年後、父親が認知症を発症し、夫婦2人の生活が困難になったので、光子さんが売主となり、自宅を売却しました。売却して得たお金は、信託専用の口座へ入金し、引き続き、父の生活費として光子さんが管理しました。自宅を売却したときの特例（最高3000万円までの控除ができる特例）も通常どおりに利用することができたので、譲渡所得税を支払うことはありませんでした。

父親が亡くなり、さらに母親も亡くなると、信託は終了となります。信託財産は、光子さんがそのまま帰属権利者として受け取ることになります。信託契約で死亡後の財産の行き先を決められるのは、あくまでも信託した財産のみです。もし、信託していない財産についても相続方法を決めておきたいのであれば、一緒に遺言書を作成しておくとより安心でしょう。

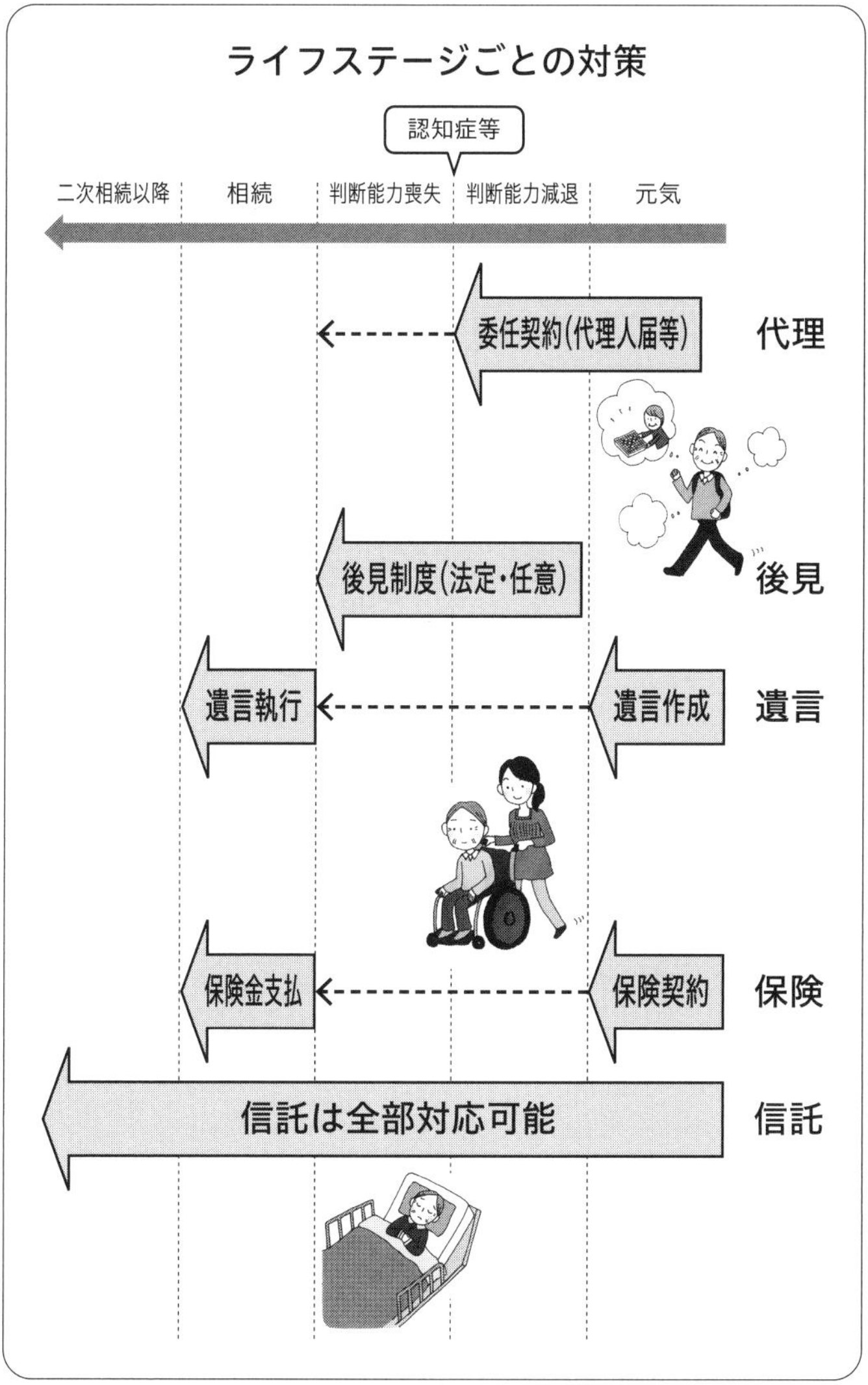
ライフステージごとの対策
認知症等
二次相続以降
相続
判断能力喪失
判断能力減退
元気
委任契約(代理人届等)
代理
後見制度(法定・任意)
後見
遺言執行
遺言作成
遺言
保険金支払
保険契約
保険
信託は全部対応可能
信託

法定後見、任意後見、家族信託のまとめ

	法定後見人	任意後見人	信託の受託者
始める タイミング	判断能力が低下してから家庭裁判所へ申立て	元気なうちに当事者間で契約→判断能力低下により、裁判所が監督人を選任してスタート	元気なうちに当事者間で契約
期間	開始されたら本人が死亡するまで	監督人が選任されてから本人または受任者が死亡するまで	始まりも終わりも自由に決めることができる
できること	財産管理 身上監護 法律行為の代理(同意・取消)	財産管理 身上監護 法律行為の代理(契約で定めた範囲) ※同意・取消権なし	自由に権限を決められる 信託財産の包括的な管理・処分を定めることが一般的
財産管理の方法	本人の財産を守る前提での保守的な財産管理 積極的な投資や生前贈与は不可	自由な代理権をつけることができるが、積極的な運用や生前贈与は裁判所から反対される可能性がある	受託者の権限内において、信託目的に沿った相続税対策や資産運用が可能
生前贈与ができるか	できない ただし扶養家族への必要範囲は認められる	原則としてできない ただし扶養家族への必要範囲は認められる	認知症になった後は原則としてできない ただし扶養家族への必要範囲は認められる
監督機関	家庭裁判所の監督を受ける	任意後見監督人の監督を受ける	必須ではないが、任意で信託監督人等の監督機能をつけることができる
財産管理者への報酬	家庭裁判所が金額を決定する。親族が法定後見人でも報酬は請求できる	任意後見契約の中で自由に金額を設定することができる	信託契約の中で自由に金額を設定することができる(定めなければ無報酬)
ランニング コスト	専門職が法定後見人になると、最低でも年間24万円の報酬がかかる(財産や業務内容によって金額が上がる場合あり)	任意後見人への報酬＋任意後見監督人(裁判所が報酬金額を決定)の報酬がかかる	無報酬にした場合はゼロ

第7章

［実録］認知症の人の家計と収支の状況

介護が必要になったらいくらかかるのか

実際に認知症になったときに使える制度をいくつかご紹介してきましたが、最後に気になるお金の話をしましょう。

高齢者の主な収入源は年金のみという人が大半です。

認知症になったときに限らず、介護が必要になったときに、年金だけで生活していけるのかというのは、高齢者ご自身もご家族にとっても重大な関心事なのではないでしょうか。

実際は、年金受給額も人それぞれですし、その人の財産状況、要介護度や利用している介護サービス、住んでいる地域、住んでいる場所が自宅か施設か、施設暮らしの場合は特別養護老人ホームなのか有料老人ホームなのかといったさまざまな事情により、収支の額は大きく変わってきます。一概に「介護を受けるようになったらこれくらいかかる」とい

【ケース1】 関東在住 Hさん(80代男性)
自宅でひとり暮らし 認知症あり 要介護5

収入(年間)		支出(年間)	
年金	75万円	食費(宅配弁当含む)	60万円
		ヘルパー代、デイサービス等	40万円
高額介護サービス費還付金	26万円	訪問看護費	6万円
		固定資産税	5万円
高額医療費還付金	4万円	医療費	5万円
		水道光熱費	14万円
		その他生活費	10万円
年間収入合計	105万円	年間支出合計	140万円

う試算は難しいのです。

ここでは、実際に介護サービスなどを利用して生活している高齢者の人の家計の状況を参考事例としてお伝えしましょう。

実際に出ていくお金は計算しにくいかもしれませんが、今持っている資産や収入に関してはきちんと把握しておき、いくらまでなら介護費用として使うことができるというざっくりとした目安をつくっておくとよいでしょう。

【ケース2】 東北在住　Sさん(80代女性)
有料老人ホーム入居　認知症あり　要介護2

収入(年間)		支出(年間)	
年金	50万円	施設費	300万円
高額介護サービス費還付金	5万円	固定資産税	9万円
		水道光熱費(持ち家分)	15万円
賃料収入	96万円	生活費(医療費含む)	20万円
年間収入合計	151万円	年間支出合計	344万円

【ケース3】 関東在住　Yさん(80代女性)
有料老人ホーム入居　認知症あり　要介護2

収入(年間)		支出(年間)	
年金	68万円	施設費	380万円
遺族年金	185万円	固定資産税	8万円
投資信託配当金	150万円	保険料	70万円
高額介護サービス費還付金	13万円	水道光熱費(持ち家分)	28万円
		生活費(医療費含む)	30万円
年間収入合計	416万円	年間支出合計	516万円

【ケース4】 関東在住　Tさん(90代女性)
特別養護老人ホーム入居　認知症あり　要介護5

収入(年間)		支出(年間)	
年金	150万円	施設費	79万円
		保険料	4万円
高額介護サービス費還付金	24万円	生活費(医療費含む)	15万円
年間収入合計	174万円	年間支出合計	98万円

あとがき

先日、介護のキーパーソンと任意後見を長年引き受けてきた友人が、認知症グループホームから、特別養護老人ホームに移りました。認知症の診断を受けてから自宅で8年間ひとり暮らしを続け、その後、グループホームで9年間。そしていま、特養での彼女の新しい生活が始まったところです。

親しく付き合ってきたひとまわり年上の友人に「高齢者うつ」を疑い、精神科クリニックに同行したのは20年近く前のことでした。その後、「アルツハイマー病」の診断が出たため、ひとり暮らしの友人には施設入居を勧めました。しかし、彼女は「家に居たい」と言い張ります。そこで、いちばん親しかった私が半ばなりゆきで、身寄りのない彼女の介護のキーパーソンとなり、おまけに任意後見まで引き受けることになりました。

何の予備知識もないところに、突然、飛び込んできた「認知症」に、最初の数年間は七転八倒の連続でした。しかし、二人三脚で伴走してくれたケアマネジャー、認知症になっても彼女らしい生活が続くよう支えてくれたヘルパーさんたち、そして、病院の認知症医や訪問診療医、理学療法士、地域の人や友人たちによる「チーム」をつくったことで、「認知症の人にはむずかしい」と言われた自宅でのひとり暮らしも、「夜が寂しい」と彼女が言い出すまで続けることができました。

認知症になった友人の伴走者（パートナー）として「認知症」に向き合ってきたことと、これを契機に始めた医療・介護の取材を通じて、私自身の認知症に対する考え方も変わってきました。友人に10年以上遅れ、私自身の母も89歳で認知症になりましたが、自宅で穏やかな生活を続けながら看取ることができたのは、友人の「認知症」にかかわってきたおかげだと思っています。

今回、一緒に本をつくることになった村山澄江さんとの出会いは、朝日新聞厚生文化事業団が催した「認知症と成年後見制度」という公開講座でした。認知症の基本知識と任意後見について私が、成年後見制度全体について村山さんが説明したあと、お互いの実体験も含めながら会場の参加者からの質問に答える、というこの講座はとても楽しく、村山さんとは「また、やりたいね」と、意気投合。その後、全国で講演会を何度も続けるようになり、個人的にもおつきあいが深まりました。

認知症に対する考え方は、変わってきたとはいわれるものの、まだまだ多くの偏見があります。認知症は年齢を重ねれば誰でもなりうる障害です。「なりたくない」と顔をそむけるのではなく、「自分もなるかもしれない」と思う人が増えることで、認知症になっても安心して暮らせるようにと、地域や社会の意識が変わってきます。

17年前、友人に認知症の診断が出たとき、カウンセリングを通じて彼女の話を聞いてきた担当の女医さんは、同行した私にこう言いました。「ひとり暮らしの彼女は、これからお金の管理に困ることになるでしょう。成年後見制度の利用を考えてください」。

当初は専門家に法定後見を依頼するつもりでしたが、友人がどうしても受け入れようとしなかったため、弁護士の助言でやむなく私が任意後見をすることになりました。任意後見の受任者は全国でわずか2000人。まだまだハードルが高い制度ですが、私が受任したことで友人の財産は管理され､｢彼女らしく暮らせる」施設への入居もスムーズに行うことができました。

要介護5でもまだまだ元気な友人には老後資金の確保が必要と、今回は費用のかさむグループホームから特養へと移りましたが､｢認知症になる前に自分自身が選んだ相手と後見を契約する」任意後見は、ひとり暮らしの人にとっての選択肢になると思います。任意後見には弁護士などの「後見監督人」がつき、お金の動きを家庭裁判所とともにきびしくチェックしてくれるのも、私のようなシロウト受任者の荷を軽くしてくれます。

成年後見制度にはさまざまな批判もありますが、老後の「そなえ」のひとつとして、この際、学んでみてください。そして、自分たちの未来として「認知症になっても希望をもてる」社会のありかたも考えていただけたら、と願っています。原稿の遅いふたりに愛想をつかさず、激励し続けてくださった編集の古村珠美さんに、心からお礼を申し上げます。

２０２１年７月

中澤まゆみ

巻末資料①　認知症・成年後見・家族信託についての相談窓口

◆認知症についての相談窓口

・お住まいの地域の地域包括支援センター

すべての市町村に設置されています。名称が異なる場合があるので、わからない場合は市町村役場の高齢者福祉の担当課などにお問い合わせください。

・公益社団法人 認知症の人と家族の会　https://www.alzheimer.or.jp/

平日の午前10時から午後3時まで、電話0120－294－456で相談を受け付けています（携帯電話からは050－5358－6578で、通話料がかかります）。

・医療機関による診察・相談

認知症疾患医療センター、認知症学会専門医、日本老年精神医学会専門医、もの忘れ外来を受け付けている医療機関だけでなく、かかりつけ医でも相談できそうです。

◆成年後見・任意後見・家族信託についての相談窓口

成年後見については、お住まいの地域の成年後見制度推進機関（「成年後見センター」「成年後見推進センター」など、名称はさまざまです）が相談を受け付けています。

成年後見について、専門家団体に相談する場合、弁護士の団体であれば、各地の弁護士会ごとに成年後見に関する法律相談窓口が設けられています。

司法書士は、公益社団法人成年後見センター・リーガルサポートが司法書士による相談等を行っています。８０００人以上の司法書士会員を擁し、ウェブサイトから司法書士である会員の検索などができます。

社会福祉士会、行政書士会、税理士会でも後見の相談等に応じているところがあります。詳細はお住まいの地域の各会にお問い合わせください。

直接、専門家に相談に乗ってもらう、裁判所の手続きなど引き受けてもらえないか連絡をすることも可能です。

家族信託に関しては、司法書士、弁護士、税理士、行政書士で実務経験のある人に相談をするとよいでしょう。民間会社も参入しているため、依頼する側もしっかりと相談先を見極める必要があります。

巻末資料② 認知症になった本人が書いた本

（タイトル／著者名／版元名／発行年）

『私は誰になっていくの？ アルツハイマー病者からみた世界』クリスティーン・ボーデン（著）、檜垣陽子（訳）／クリエイツかもがわ／2003年

『ぼくが前を向いて歩く理由』中村成信（著）／中央法規出版／2011年

『私は私になっていく 認知症とダンスを』クリスティーン・ブライデン（著）、馬籠久美子（訳）／クリエイツかもがわ／2012年

『扉を開く人 クリスティーン・ブライデン』クリスティーン・ブライデン（著）、NPO法人認知症当事者の会（編著）、永田久美子（監修）／クリエイツかもがわ／2012年

『認知症になった私が伝えたいこと』佐藤雅彦（著）／大月書店／2014年

『私の脳で起こったこと レビー小体型認知症からの復活』樋口直美（著）／ブックマン

社／2015年
『私の声が見えますか？　認知症の人たちの小さくて大きなひと言』永田久美子（監修）／harunosora／2015年
『認知症の私からあなたへ　20のメッセージ』佐藤雅彦（著）／大月書店／2016年
『認知症とともに生きる私』クリスティーン・ブライデン（著）、馬籠久美子（訳）／大月書店／2017年
『私の記憶が確かなうちに』クリスティーン・ブライデン（著）、水野裕（監修）、中川経子（訳）／クリエイツかもがわ／2017年
『認知症になっても人生は終わらない　認知症の私が、認知症のあなたに贈ることば』認知症の私たち（著）、NHK取材班（協力）／harunosora／2017年
『認知症になってもだいじょうぶ！　そんな社会を創っていこうよ』藤田和子（著）／徳間書店／2017年
『認知症を乗り越えて生きる』ケイト・スワファー（著）、寺田真理子（訳）／クリエイツかもがわ／2017年

『認知症の私は「記憶より記録」』大城勝史（著）／沖縄タイムス社／2017年
『丹野智文 笑顔で生きる 認知症とともに』丹野智文（著）、奥野修司（文・構成）／文藝春秋／2017年
『ボクはやっと認知症のことがわかった』長谷川和夫・猪熊律子（著）／KADOKAWA／2019年
『誤作動する脳』樋口直美（著）／医学書院／2020年
『認知症でも心は豊かに生きている』長谷川和夫（著）／中央法規出版／2020年
『認知症とともにあたりまえに生きていく』矢吹知之、丹野智文、石原哲郎（編著）／藤田和子、大塚智丈、鬼頭史樹、猿渡進平、前田隆行、六車由実（著）／中央法規出版／2021年
『認知症の私から見える社会』丹野智文（著）／講談社／2021年9月発売予定

【著者紹介】

中澤 まゆみ　ジャーナリスト、ノンフィクションライター。

1949年、長野県生まれ。雑誌編集者を経てフリーランスに。人物インタビュー、ルポルタージュを書くかたわら、海外を取材。自らの介護体験を契機に医療・介護・福祉・高齢者問題にテーマを移し、執筆、講演講師などで活躍。『ユリー日系二世ハーレムに生きる』（文藝春秋）、『おひとりさまの「法律」』（法研）、『おひとりさまの終活』（三省堂）、『おひとりさまの終の住みか』『人生100年時代の医療・介護サバイバル』（以上、築地書館）など、多数の著書がある。

村山 澄江　司法書士。公益社団法人成年後見センター・リーガルサポート会員、簡裁訴訟代理関係業務認定会員。
1979年、愛知県生まれ。2003年、司法書士試験合格。認知症対策の相談者数は延べ1,300件以上。民事信託・成年後見の専門家としてセミナー講師、YouTubeの動画配信、新聞各社やメディアへのコメント掲載など、多角的に活躍している。共著に『今日から成年後見人になりました』（自由国民社）がある。
司法書士 村山澄江事務所　http://sumi-smile.com/

税務監修　樋渡 順（税理士）

認知症《にんちしょう》に備《そな》える

2021年 9月29日　初版　第1刷発行

著　者　中澤《なかざわ》 まゆみ
　　　　村《むら》 山《やま》 澄《すみ》 江《え》
発行者　石 井　悟
印　刷　横山印刷株式会社
製　本　新風製本株式会社
発　行　株式会社自由国民社
〒171-0033　東京都豊島区高田3-10-11
営業部　TEL03-6233-0781　FAX03-6233-0780
編集部　TEL03-6233-0786　URL　https://www.jiyu.co.jp/